FRITZ KÜNKEL

DIE ARBEIT AM CHARAKTER

Die neue Psychotherapie
in ihrer Anwendung auf Erziehung, Selbsterziehung
und seelische Hilfeleistung

Friedrich Bahn Verlag · Konstanz

CIP-Titelaufnahme der Deutschen Bibliothek

Künkel, Fritz:
Die Arbeit am Charakter: die neue Psychotherapie in ihrer Anwendung auf Erziehung, Selbsterziehung und seelische Hilfeleistung / Fritz Künkel, - 47. Tsd. - Konstanz: Bahn, 1991
ISBN 3-7621-6465-7

47. Tsd. 1991

Satz: Buchdruckerei Sommer & Söhne, Feuchtwangen
Offsetnachdruck: Gutmann + Co. Heilbronn/N.
Printed in Germany
ISBN 3 7621 6465 7

INHALT

Dritter Teil: Selbsterziehung

Vierter Teil: Hilfeleistung

Vorwort zur ersten Auflage

Die vorliegende Schrift ist das Ergebnis zahlreicher Kurse, die der Verfasser mit Lehrern, Geistlichen und Fürsorgebeamten veranstaltet hat. Sie will gewissermaßen die Antwort sein, die die heutige Psychotherapie auf die Fragen aller derer zu geben hat, welche von Berufs wegen mit der Arbeit am Charakter des einzelnen und des Volkes betraut sind.

Derartige Versuche sind mehrfach unternommen worden. Doch leiden sie alle, wie es scheint, an einer typischen Schwäche: sie lassen den Ansatzpunkt vermissen, an dem in der praktischen Arbeit der psychologische Hebel angesetzt werden kann. Niemand leugnet mehr, daß die Psychotherapie den menschlichen Charakter in hohem Maße zu beeinflussen vermag. Aber auf die Frage: „Wie macht man es in der Praxis?" bekommt man immer nur die Antwort: „Wer das lernen will, muß sich selbst analysieren lassen." — Damit ist gesagt, daß der wichtigste Gehalt der Psychotherapie sich auf theoretischem Wege nicht übermitteln läßt. Und damit sind die Errungenschaften dieses Arbeitszweiges für die große Zahl derer, die ihrer bedürfen, schlechthin unerreichbar geworden. Aber diese Mißlichkeit entspricht dem Tatbestand, daß die Psychotherapie eine Kunst ist, deren Ausübung so wenig wie die der Musik theoretisch erlernt werden kann.

Die erste bahnbrechende Welle der Psychotherapie bestand in der Psychoanalyse Sigmund Freuds. Sie war der Grundeinstellung ihrer Zeit entsprechend rein naturwissenschaftlich, mechanistisch und deterministisch orientiert. Wir können sie heute als überwunden bezeichnen. Die zweite Welle, die Individualpsychologie Alfred Adlers, brachte den Übergang von der kausalen zur finalen Betrachtungsweise. An Stelle der Verbindung von Ursache und Wirkung beherrschte nun die Verbindung von Mittel und Zweck das psychologische Denken. Die dritte Welle, die Tiefenpsychologie C. G. Jungs, vereinigte in sinnvoller Weise das kausale Denken mit dem finalen und fügte — den historischen Ereignissen vorausgreifend — die Theorie des „kollektiven Unbewußten" dem bisherigen Gedankengute hinzu. Die historischen und soziologischen Grundlagen des Seelenlebens begannen, sich dem Auge des Forschers zu eröffnen. Aber all dieser

Reichtum an Einzelerkenntnissen und an systematischen Darstellungen vermochte auf dem Gebiete der eigentlichen Psychotherapie nichts Wesentliches zu ändern. Das praktische Verfahren der seelischen Behandlung blieb eine Kunst, die auf theoretischem Wege durchaus nicht gelehrt werden konnte.

Dies änderte sich erst durch die genaue Erforschung der Wechselwirkungen zwischen Arzt und Patient und durch die Einbeziehung des Arztes mit seinem eigenen Schicksal und seiner eigenen Reifung in den Heilungsprozeß, der nun nicht mehr den Patienten allein, sondern die beiden Beteiligten gleichzeitig betrifft. Die Wechselwirkung zwischen Mensch und Mensch, das „Wir-Erlebnis", stellt sich uns als ein dialektischer Vorgang dar, der wie jede Dialektik im Dreischritt von These, Antithese und Synthese verläuft. Die Worte „Ja — Nein — Trotzdem" kennzeichnen jetzt die drei Stufen oder Einstellungen, die jeder seelische Reifungsprozeß erkennen läßt und die sowohl im Erlebnis des Patienten, wie im Erlebnis des Arztes, wie auch in der Beziehung zwischen beiden, in ihrem „Wir", deutlich nachweisbar sind. Aus diesen Einsichten ergab sich die „Wir-Psychologie", die nunmehr imstande ist, den „Ansatzpunkt für den psychologischen Hebel" aufzuzeigen, den die bisherige Psychotherapie noch vermissen ließ. Dieser Punkt liegt in der Weiterentwicklung, in der seelischen Reifung und darum auch in der Selbsterziehung des Psychologen.

Die Frage, die zuerst gelöst werden muß, lautet: Wie werde ich aus einem weniger guten zu einem besseren Psychologen? Und diese Charakterentwicklung muß, wenn sie gelingt, zur Folge haben, daß die Behandlung der Schutzbefohlenen immer weniger Schwierigkeiten macht. Das Problem der Selbsterziehung wird daher in der vorliegenden Schrift, und zwar, wie es scheint, zum ersten Male im Bereiche der Psychotherapie, in den Mittelpunkt des Gesichtsfeldes gerückt. Hierin liegt der Unterschied zwischen diesem Buche und seinen Vorgängern, und hierin liegt auch seine Daseinsberechtigung.

Der Fachmann wird vielleicht beanstanden, daß in der vorliegenden Darstellung jede Auseinandersetzung zwischen den verschiedenen psychotherapeutischen Richtungen vermieden worden ist. Aber je genauer er die geschilderten Zusammenhänge betrachtet, um so deutlicher wird er erkennen, daß tatsächlich das Wesentliche aus allen psychotherapeutischen Schulen zu seinem Rechte kommt, soweit es für die praktische Arbeit der Pädagogik und der Seelsorge brauchbar zu sein scheint. Die Begriffsbildung wurde so einfach wie nur möglich gestaltet, um alle theoretischen Schwierigkeiten zu vermeiden und die unmittelbare Umsetzung des hier Gesagten in die praktische Arbeit nicht zu verhindern.

Ob aber und wie weit die heutige Psychotherapie schon imstande ist, auf dem Wege der Selbsterziehung vorwärtszukommen und von hier aus die Wege zur Heilpädagogik und zur tiefenpsychologischen Seelsorge zu eröffnen, das vermag nur der Erfolg zu entscheiden[1].

Oft ist gefragt worden, warum die wichtigsten religiösen Zusammenhänge und vor allem die Gestalt Christi nicht erwähnt werden. Die Antwort steht im Buche selbst: je ichhafter ein Mensch ist, desto mehr Unfug treibt er mit allem, auch mit der Religion. Es kommt darauf an, gerade diesen Kurzschluß zu vermeiden.

Aber – wird nun von entgegengesetzter Seite eingewandt – die Worte „Gott" und „Gnade" kommen mehrfach an entscheidender Stelle vor. Dadurch wird der Kurzschluß doch hervorgerufen, und was sich als Wissenschaft geben möchte, erweist sich doch letzten Endes als eine mystische Philosophie. – Doch der Tatbestand ist anders, als die Rationalisten, die solche Einwände erheben, sich und andere gern glauben machen möchten. Die erstaunliche Annäherung zwischen der „Wir-Psychologie" und dem (protestantischen) Christentum beruht nicht auf einem sacrificium intellectus, auf einem „credo, quia absurdum" von seiten der Wissenschaft; sondern sie beruht auf der einfachen Tatsache, daß die Tiefenpsychologie aufgehört hat, Naturwissenschaft zu sein, und zwar durch eine richtige Würdigung des Subjektbegriffes[2]. Das Irrationale (Freiheit, Verantwortung und Produktivität) kommt dadurch auch in der empirischen Wissenschaft – zum ersten Male seit dem Mittelalter – wieder zur gebührenden Geltung, aber nicht als idealistische Träumerei, sondern als reale, mit voller Verantwortung beladene Lebensaufgabe.

Aber alle Subjektivität bleibt irrational, und die Wir-Psychologie, die wie jede Wissenschaft rational ist, endet an ihrer zentralen Stelle mit einem „leeren Begriff". Das Wort „Subjekt" bedeutet theoretisch nur eine Relation (nämlich die Stellung gegenüber dem Objekt), aber praktisch die Voraussetzung des Ganzen, nämlich das Leben selbst. Gott, als die Subjektität aller Subjekte, und seine Gnade, das Erwachen der Subjektität, sind theoretisch nur Tautologien für jenen „leeren Begriff". Aber gerade die Verwirklichung oder, wenn man so will, die reale Ausführung jener theoretischen Leere ist die ewige Aufgabe aller Arbeit am Charakter. Anders ausgedrückt: Die

[1] Eine Anwendung dieser Methode auf die Behandlung wirklicher Neurosen ist weder beabsichtigt noch empfehlenswert. Eine solche Aufgabe muß dem voll ausgebildeten Psychotherapeuten überlassen werden.

[2] Der Ausdruck „Tiefenpsychologie" bezeichnet das gesamte lebendige psychotherapeutische Wissen. Die „analytische Psychologie" C. G. Jungs und unsere „Wir-Psychologie" sind Teile der Tiefenpsychologie.

Aufgabe des religiösen Lebens hat sich als Aufgabe auch der Arbeit am Charakter erwiesen. Darum tauchen die Paradoxien, Antinomien und Synthesen der Theologie auch in der Psychologie auf, und der Widerspruch zwischen Religion und Wissenschaft ist verschwunden, weil beide die gleiche Aufgabe haben, nämlich die Gestaltung des menschlichen Schicksals.

Berlin-Steglitz

Dr. FRITZ KÜNKEL

Vorwort zur vorliegenden Auflage

Die zweite Neu-Auflage dieses Buches nach dem Kriegsende ist ein fast wortgetreuer Abdruck der letzten Vorkriegs-Ausgabe. Die schweren Erfahrungen der zwanzig Jahre, die nun hinter uns liegen, haben wohl eine Vertiefung, aber nicht eine wesentliche Änderung oder Umorientierung der Wir-Psychologie zur Folge gehabt. Die Vertiefung und Weiterentwicklung liegt, wie schon das Vorwort zur letzten Auflage andeutete, in der Ausgestaltung des Subjektbegriffes. Was ist ein lebendiges Wir? Wie unterscheidet sich ein falsches, zerstörerisches Wir von einem gesunden und schöpferischen? Und, — schwerste aller Gewissensfragen — was kann der Einzelmensch tun, wenn er seine Zugehörigkeit zu einem starken Wir erlebt hat und dann merkt, daß dieses Wir verdirbt, zerfällt, und schließlich sich selbst zerfleischt?

Die Antwort ist theoretisch leicht zu formulieren: Sie liegt im Wir des Geistes, im Reich Gottes. Aber die praktische Ausarbeitung dieser Antwort ist der Beitrag, den jeder Einzelne zu diesem Geistes-Wir zu liefern hat; und hier können psychologische Formeln wohl eine Unterstützung, aber nicht die entscheidende Erfahrung bringen. Das geistige Wir kann nicht ausgerechnet werden; es wächst.

Die Wir-Psychologie, wie sie hier dargestellt wird, liefert das Handwerkszeug, die Begriffe und Methoden; das Leben selber liefert das Material, das verarbeitet werden soll; der Einzelmensch und die Menschengruppen sind in den Kampf für ihre körperliche und geistige Existenz hineingestellt, um zu wachsen und zu reifen, bis sie ihre Heimat im Geistes-Wir finden. Möge dies Buch ihnen eine Hilfe sein.

Los Angeles, California

Dr. FRITZ KÜNKEL

ERSTER TEIL: GRUNDBEGRIFFE

Erstes Kapitel

Verantwortlichkeit

§ 1

Subjekt und Objekt

Jeder Mensch ist zugleich Subjekt und Objekt, er ist von sich aus ein lebendiges Wesen und gleichzeitig für sich und die anderen ein Gegenstand. Ist er Subjekt oder lebendiges Wesen, so muß er handeln, ist er Objekt oder Gegenstand, so wird er behandelt. Die Handlungen, die er vollbringt, sofern er Subjekt ist, haben in der Außenwelt Folgen, die auf ihn zurückfallen und ihn treffen, sofern er Objekt ist.

Ein Neger erschlägt seinen Feind, er handelt als Subjekt; er wird von den Angehörigen des Toten erschlagen, er leidet als Objekt. Ein Kind bemächtigt sich eines Messers, es handelt als Subjekt, es schneidet sich in die Finger, es trägt die Folgen als Objekt. Jemand ißt Süßigkeiten, er handelt als Subjekt, er verdirbt sich den Magen und wird krank, er leidet als Objekt. (Genau genommen muß nicht nur das Subjektsein und das Objektsein, sondern auch das aktive und passive Subjektsein unterschieden werden. Aber so wichtig diese Unterscheidungen in theoretischer Hinsicht sein mögen, für die praktische Aufgabe des vorliegenden Buches sind sie überflüssig. Denn es scheint ratsam, das begriffliche Rüstzeug für die praktische Arbeit so einfach wie irgend möglich zu gestalten.)

Aus dem zuletzt genannten Beispiel ergibt sich, daß der Mensch seinen eigenen Körper als Objekt behandeln kann. Er steht zeitweise seinem Körper gegenüber wie jedem anderen Objekte auch. Und sein Körper wirkt auf ihn zurück, läßt ihn leiden, macht ihn zum Objekt wie ein anderer Teil der Außenwelt. Der Mensch als Subjekt ist somit nicht der Körper, er befindet sich auch nicht hier oder dort im Körper, ja, er ist überhaupt nirgends im Raum, da im Raume nur Körper, Objekte, sein können, und trotzdem ist er vorhanden.

Denn er denkt und handelt. Beeinflußt aber wird das Subjekt stets auf dem Wege über den Körper. Der Körper bildet also die Verbindung des Menschen mit der Welt und zwar in doppelter Richtung: Auf dem Wege über den Körper wirkt er sich als Subjekt aus, indem er seine Glieder bewegt, und auf dem Wege über den Körper wird er zum Objekt der Außenwelt, indem er durch seinen Körper leidet. – Denn auch das seelische Leid, das scheinbar ohne alle körperlichen Begleiterscheinungen entsteht, kann nur auf dem Wege über die körperlichen Wahrnehmungen (Sehen, Hören usw.) zustande kommen.

Nicht nur die Taten, die wir bewußt und absichtlich ausführen, entspringen unserer Subjektität, unserer Wesenhaftigkeit, sondern auch die unabsichtlichen Taten, etwa das Verlieren oder das Zerbrechen von Gegenständen, und die unbewußten Vorgänge, wie Stoffwechsel und Wachstum. Sie haben ihren Ursprung in dem (nicht mehr körperlichen) Wesenskern des Menschen, auch wenn sich noch so viele äußere Bedingungen oder Auslösungsursachen nachweisen lassen. Sie entstammen jener unerschöpflichen Quelle, die wir das Leben nennen.

Diese Feststellung ist wichtig; denn für alles Subjektale, für alles, was dem lebendigen Wesen entstammt, trägt der Mensch die volle Verantwortung. (Die Unterscheidung des Ausdrucks „subjektal" von dem üblichen „subjektiv" wird jetzt ebenso klar sein wie der Unterschied zwischen dem hier gebrauchten „Subjektität" [das Subjektsein als Eigenschaft schlechthin] und dem üblichen „Subjektivität" [Zugehörigkeit zu einem Einzelsubjekt im Gegensatz zu den übrigen Subjekten].) Es ist ein unverbrüchliches Gesetz des Lebens, daß ein jeder nicht nur allen beliebigen Einwirkungen der Außenwelt als Objekt preisgegeben ist, sondern daß er vor allem das Objekt für die Rückwirkungen seines eigenen subjektalen Verhaltens werden muß. Und es ist gleichgültig, ob er zu diesem Folgentragen bereit ist oder nicht, ja, es ist sogar gleichgültig, ob er von dieser seiner Verantwortlichkeit Kenntnis hat oder nicht. Der Unterschied zwischen bewußten und unbewußten Verhaltungsweisen kommt für das Folgentragen nicht in Betracht. Auch das Kind, das sein eigenes Verhalten weder verstehen noch beurteilen kann, entgeht dem Zwange des Folgentragens nicht (es muß zeitlebens einäugig bleiben, wenn es sich bei einem ungeschickten Spiel ein Auge aussticht) – wodurch die Verantwortung der Erzieher fast ins Unermeßliche steigt.

Aus dem Gesagten geht hervor, daß es unbequem ist, sich als Subjekt zu verhalten, weil man nicht ausschließlich Subjekt sein kann. Die Nötigung, immer wieder als Objekt die Rückwirkungen seiner eigenen Subjektität auf sich zu nehmen, verleidet dem Menschen das Subjektsein schlechthin. Darum versuchen wir alle (ohne es recht zu merken), unser Subjektsein auf ein möglichst kleines Maß einzuschränken.

Das Kennzeichen des Subjekts ist die Freiheit (die Ursachlosigkeit, das Hinausgehenkönnen über die Ursachen, die Produktivität), und das Kennzeichen des Objektes ist die Unfreiheit (die Bedingtheit durch Ursachen).

Niemand ist verpflichtet zornig zu werden, jeder könnte ebensogut auch friedlich bleiben. Der Zornige aber, der die Verantwortung für seinen Zorn abschieben möchte, behauptet, er habe zwangsläufig auf diesen oder jenen Angriff mit Zorn antworten „müssen". Er spricht sich lieber die Willensfreiheit ab und macht sich zum Gegenstand eines toten Naturgesetzes, als daß er die Verantwortung für seine Handlungsweise in vollem Maße auf sich nimmt. Er macht sich zum Objekt, das dem Zusammenhang von Ursache und Wirkung unterworfen ist, oder richtiger, er täuscht sich und anderen vor, er wäre ein reines Objekt – weil es ihm so bequemer ist.

Aber es hilft ihm nichts, er bleibt Subjekt und Objekt zugleich, solange er lebt. Er kann sich den Folgen seiner Verhaltungsweise nicht entziehen. Ja, er muß sogar die Folgen seines Selbstbetruges auf sich nehmen. Denn ohne Selbstbetrug würde er rasch von seinem Zorn geheilt werden. Solange er sich für unverantwortlich hält, bleibt jenes angebliche „Naturgesetz", das ihm den Zorn als unausweichliche Wirkung auf gewisse äußere Ursachen aufzwingt, unweigerlich in Kraft. – Wir sind auch für die Flucht vor der Verantwortung verantwortlich.

Es gibt zahllose Hilfsmittel, durch die man sich der Verantwortung zu entziehen suchen kann. Bald wird die Vererbung, bald werden die Einflüsse der Umwelt als unausweichlicher Zwang für die Charakterhaltung angesehen. Noch einfacher ist es, auf Grund philosophischer Erwägungen die Willensfreiheit kurzerhand zu leugnen und den Menschen mit einer zufälligen Anhäufung toter Materie auf eine Stufe zu stellen.

Der Grund für diese Theorien ist immer der gleiche: Es handelt sich um die Flucht vor der Verantwortung, um eine Flucht vor dem gleichzeitigen Subjekt- und Objektsein, um eine Flucht vor dem Leben.

Die erste Regel für die Selbsterziehung des Erwachsenen lautet demnach: *Begreife, daß du gleichzeitig Subjekt und Objekt bist, daß du frei und verantwortlich bist, daß du dich den Folgen deines Verhaltens nicht entziehen kannst und daß du auch die Folgen der Flucht vor den Folgen noch tragen mußt.*

§ 2

Bejahung und Verneinung

Wer das Leben bejaht, muß einverstanden sein mit der Tatsache, daß er das Subjekt seines eigenen Verhaltens und das Objekt aller Rückwirkungen dieses Verhaltens zu sein hat. Aber mehr noch: Er ist gleichzeitig Mitsubjekt des Verhaltens größerer Gruppensubjekte, wie Familie, Stand und Staat, und Mitobjekt der Rückwirkungen, welche über diese Gruppenobjekte hereinbrechen, wie Seuchen, Wirtschaftskrisen, Kriege und dergleichen mehr. Und schließlich ist er Teilsubjekt des Subjektes Menschheit und als solches hineingestellt in den Kampf mit der Erde, der es Nahrung und Kleidung abzuringen gilt, und auch hineingestellt in die Aufgaben des Weltalls, mit denen die Menschheit durch die Rätsel der Zeugung und des Todes unentrinnbar verbunden ist.

Diese vielfältige Verflochtenheit des Lebens, die sich in all ihren verschiedenen Schichten immer wieder als das gleichzeitige Subjekt- und Objektsein darstellt, bringt eine solche Fülle von unaufhörlichem Lernen und Wachsen und Folgentragenmüssen, und das heißt, von Verantwortlichkeit mit sich, daß es wohl kaum einen Menschen gibt, der nicht an irgendeiner Stelle dieses Weges den Mut und das Vertrauen verliert.

Solange er Mut und Vertrauen hat, bejaht er diesen Weg mit allen seinen Voraussetzungen und Bedingungen, bejaht alle Freude des Subjektseins, obwohl er weiß, daß der Schmerz des Objektseins unausweichlich damit verbunden ist. Wer ja sagt zu seiner Verantwortlichkeit, wird mitgerissen vom Strom des Lebens, der vorwärtseilt von Entwicklungsstufe zu Entwicklungsstufe, und dessen letzte Ziele keinem Sterblichen bekannt sind.

Wer aber nicht Mut und Vertrauen genug besitzt, um sich diesem Strom zu überlassen, wer also die Verantwortung ablehnt für eine Entwicklung, die er nicht gewollt hat und die er nicht kennt, der muß versuchen, sich gleichsam aus dem Strom auf ein sicheres Ufer zu retten. Er muß die Entwicklung ablehnen. Er muß den Wert des ewigen Wechsels der Lebensschicksale leugnen, und der Wechsel selbst muß ihm als sinnlos erscheinen. Dies ist die Haltung des Verneiners.

Da die abgelehnte Haltung des Bejahenden in dem gleichzeitigen Subjektsein und Objektsein besteht, kann die Haltung des Verneiners sich in zwei verschiedenen Weisen äußern. Er kann entweder versuchen, nur Subjekt zu sein, nur frei, ursachlos und leidlos der Welt gegenüberzustehen und sich der Verpflichtung des Folgentragens (des Objektseins) zu entziehen; oder aber er kann versuchen, ausschließlich Objekt zu sein, unfrei und unverantwortlich nur als Gegenstand der anderen vorhanden zu sein, um auf diese Weise den Mißlichkeiten jener lebendigen Wechselwirkung des Subjekt- und Objektseins zu entgehen. Im ersten Falle nimmt der Verneiner die Haltung des selbstherrlichen, immer überlegenen und unbeeinflußbaren Lebenskünstlers ein, der entweder als rücksichtsloser Tatmensch oder als unbeteiligter Zuschauer den Einflüssen der Außenwelt entzogen ist. Im anderen Falle verbirgt er sich hinter der Maske einer scheinbar übermäßigen Bejahung. An Stelle des Jasagers tritt der Jawohlsager, der widerstandslose Vollstrecker jedes fremden Willens und das unterwürfige Opfer jeder fremden Machtäußerung. Dies alles nimmt der Verneinende auf sich, um nur der Verantwortung enthoben zu sein. Er benimmt sich wie ein Nur-Objekt, um nicht Subjekt und Objekt zugleich sein zu müssen.

Was hier theoretisch als ein ausschließliches „Subjekt sein wollen" erscheint, tritt dem Beobachter in der Praxis als Ringen um Überlegenheit, als „Oben sein wollen" oder, wie man auch sagt, als „Geltungsstreben" entgegen. Und was wir als „Auch Objekt sein müssen" geschildert haben, wird praktisch als Unterlegenheit, als „Unten sein", als Minderwertigkeitsgefühl erlebt. Um diesem „Auch Objekt sein müssen" zu entgehen, tritt dann der Trick des „Nur Objekt sein wollens" auf.

Wer als Kind gelernt hat, sich eigenwillig durchzusetzen und so dem Folgentragen aus dem Wege zu gehen, der kennt als Erwachsener kein anderes Ziel als das, ein selbstherrlicher Mensch, ein Napoleon zu sein. Er gewöhnt sich an das Benehmen eines Tyrannen; er fragt nicht nach dem Wohlergehen der anderen; er ist bereit, alles zu opfern, um nur sich und anderen seine eigene Machtvollkommenheit zu beweisen. Oft ist er tollkühn, aber es handelt sich trotzdem bei ihm nicht um Mut, sondern um Angst, nämlich um die Angst vor den Wechselwirkungen zwischen dem Subjektsein und Objektsein. Er befindet sich auf der Flucht vor der Verantwortung. Die Angst vor dem Folgentragenmüssen, die Angst vor dem Objektsein treibt ihn in den Mut der Verzweiflung und in die Übersteigerung des Subjektseins hinein. Aus Angst vor der Ohnmacht maßt er sich Allmacht an, bis die Folgen seiner Flucht vor den Folgen ihn zerschmettern.

Innerlich sehr ähnlich, wenn auch äußerlich gerade entgegengesetzt, verhält sich derjenige, dem als Kind jedes Handeln verleidet wurde. Er hat gelernt, daß für ihn die einzig mögliche Haltung die des unbeteiligten Zuschauers ist. Darum wird er später als Künstler oder Philosoph die Menschheit und das Weltall abbilden, beurteilen, tadeln oder loben; er wird Glück und Unglück voraus berechnen, wird warnen, Umkehr predigen und Verbesserungen fordern. Aber er wird niemals eingreifen, wird nie mitarbeiten, wird nie Pflichten und Verantwortungen übernehmen und wird sich nie den Rückwirkungen des Lebens aussetzen. Denn gerade die Angst vor diesen Rückwirkungen zwingt ihn ja, sich aus dem Strome der alltäglichen Wirklichkeit zurückzuziehen. Er sitzt am Ufer und spielt, er sei der Gott des Stromes, denn wenn er im Strome mitschwimmen würde, müßte er allzu deutlich spüren, daß nicht er dem Strome, sondern der Strom ihm gebietet. Da aber der Strom des Lebens sich von tatenlosen Kritikern nicht korrigieren läßt, sind diese Kritiker von vornherein zu einem Leidenswege voller Enttäuschung, Verbitterung und Armseligkeit verurteilt. Und sie, die sich der Verantwortung entziehen wollen, müssen schließlich die volle Verantwortung für ihre Flucht vor dem Leben doch noch erleben.

Beide, der Napoleon und der Kritiker, gehen an ihrer Übersteigerung des Subjektseinwollens und an ihrer Flucht vor dem Objektseinmüssen oder, kurz gesagt, an ihrer Selbstvergottung zugrunde. Wer aber den umgekehrten Weg geht, wer vor dem Subjektsein flieht oder das Objektsein übertreibt, der sogenannte Jawohlsager, geht dem gleichen Schicksal entgegen. Wer als Kind gelernt hat, daß man „keinen eigenen Willen haben darf", der übertreibt später seinen Gehorsam so, daß schließlich der „Kadaver-Gehorsam" und die offenkundige Scheu vor der Verantwortung daraus wird. Ein solcher Mensch sagt gleichsam: „Wenn ich keinen eigenen Willen haben soll, will ich auch keine Verantwortung tragen"; und er merkt nicht, daß in diesem Nichtwollen die denkbar stärkste Eigenwilligkeit liegt. Wenn er mit Herrn A. zusammen ist, redet er so, wie es dem A. gefällt; wenn er dem Herrn B. begegnet, erscheinen ihm die Dinge so, wie B. sie sieht. Und wenn später A. und B. zugleich da sind, weiß er nicht, welchen Standpunkt er einnehmen soll; er muß Ausflüchte machen, lügen — oder die Verantwortunng für seine Flucht vor der Verantwortung auf sich nehmen. Wer das Steuer seines eigenen Lebens nicht in die Hand zu nehmen wagt, muß darauf gefaßt sein, daß der Strom, dem er sich überläßt, ihn auf die Klippen wirft.

Alle derartigen Versuche müssen mißlingen. Solange der Mensch lebt, kann er nicht nur und ausschließlich Subjekt sein, sonst müßte er aufhören, als irdischer Körper an dem stofflichen Geschehen teilzunehmen und ein sichtbarer Erdenbewohner zu sein, er müßte „transzendent" — jenseitig werden. Aber ebensowenig kann er nur Objekt sein, er müßte sonst aufhören zu leben, zu fühlen, zu handeln, zu wachsen, und sich darauf beschränken, eine Anhäufung toten Stoffes darzustellen, er müßte ein Leichnam werden.

Beides ist unmöglich, beides kann nur auf dem Wege des Irrtums, nur scheinbar, nur für eine Zeitlang und nur bis zu einem gewissen Grade erreicht werden. In beiden Fällen entstehen aus diesem Irrtum Leiden über Leiden, die wachsen und wachsen, bis der Irrtum überwunden wird.

Daraus ergibt sich die zweite Regel: *Wer leidet, muß sich fragen, warum und in welcher Weise er dem lebendigen Wechsel des Subjekt- und Objektseins auszuweichen sucht, ob er zu sehr nur Objekt oder zu sehr nur Subjekt sein möchte. Und er muß den Weg zu finden trachten, auf dem er zu dem gleichmäßigen Vorhandensein als beides zurückgelangen kann; er muß den Weg zur Verantwortung suchen.*

§ 3

Behandeln und achten

Der Mensch ist in der geschilderten Weise gleichzeitig handelndes Subjekt und leidendes Objekt; wenn wir ihn jedoch betrachten, beobachten, beurteilen und zum Gegenstand unserer Forschung machen, erscheint er uns als Charakter, als ein Lebewesen mit bestimmten, beschreibbaren und erklärbaren Eigenschaften. Hieraus läßt sich ermessen, welche Schwierigkeit für die Forschung in dem Ausdruck „Charakter" versteckt liegt, denn es handelt sich offenbar um einen Forschungsgegenstand, also um ein Objekt, das nicht restlos Objekt, sondern gleichzeitig auch Subjekt ist. Da ein Subjekt, ein lebendes Wesen als solches aber unmöglich zum Gegenstand gemacht werden kann (weil es sonst vorher getötet werden müßte), steht die Charakterkunde vor der unlösbaren Aufgabe, einen Gegenstand zu erforschen, der in seinem wichtigsten Bestandteil gar nicht Gegenstand ist.

Wer glaubt, einen lebendigen Menschen mit irgendwelchen begrifflichen Formulierungen beschreiben, nach irgendwelchen Regeln berechnen und durch irgendwelche Maßnahmen in eindeutiger Weise beeinflussen zu können, der muß sich irren; und die Wirklichkeit wird ihm alsbald beweisen, wie sehr er sich irrt. Wer einen Menschen zum Gegenstand macht, und sei es auch in noch so guter Absicht, der kann unmöglich etwas anderes als Enttäuschungen erleben. Jeder Erzieher, der seinen Zögling als „Objekt der Erziehung" ansieht, jeder Seelsorger, der sein Beichtkind zum „Gegenstand seiner

Bemühungen“ macht, und jeder Liebende, der ein „Liebesobjekt“ zu besitzen glaubt, geht unentrinnbaren Mißerfolgen entgegen. Indem er sich selbst als Subjekt und den anderen nur als Objekt empfindet, versucht er, sich der Gegenwirkung jenes Subjektes, der er sich doch als Objekt aussetzen müßte, wissentlich oder unwissentlich zu entziehen. Das Leben aber läßt sich hier so wenig wie anderswo um seine Wechselwirkungen betrügen; der Mißerfolg ist die notwendige Folge, die jeden trifft, der seine Mitsubjekte nicht anerkennt.

Man stelle sich beispielsweise ein Ehepaar vor. Der Gatte ist in der üblichen Weise davon überzeugt, daß er selbst nicht nur dem stärkeren, sondern auch dem klügeren Geschlecht angehöre, während seine Frau, wie alle Frauen, zwar liebenswürdig und ehrenwert, aber unlogisch und inkonsequent sei. Er glaubt deswegen im guten Recht zu sein, wenn er die Zügel fest in die Hand nimmt und dafür sorgt, daß keine unnützen Ausgaben, keine schlechten Bücher, keine falschen Überzeugungen und keine überflüssigen Gespräche in seinem Hause vorkommen. Bei aller Liebe und Achtung, die er angeblich für seine Gattin hegt, macht er sie gleichwohl zum Gegenstand seiner Fürsorge und seiner Regierung. Dadurch zwingt er sie, entweder sich seinem Willen widerstandslos zu fügen, und das heißt, ihre eigene Subjektität und damit ihre Verantwortlichkeit aufzugeben, oder aber offen oder heimlich gegen diese Vergewaltigung zu meutern und ihrerseits auf eigene Verantwortung die Zügel in die Hand zu nehmen und ihren Mann zum Gegenstand ihrer Diplomatie zu machen.

Man könnte noch einwenden, daß sich ein gangbarer Ausweg finden ließe, wenn man die Verantwortlichkeit in naturgemäßer Weise zwischen die beiden Gatten verteilen würde. Aber damit trifft man nicht den Kern der Sache. Der Mann kann sehr wohl seiner Partnerin die Verantwortung für die Küche oder gar für die Kindererziehung überlassen. Dadurch macht er sie noch nicht zum selbständigen Subjekt, weil er nämlich voraussetzt, daß sie „in seinem Sinne“ handelt und auf keinen Fall gegen die „Interessen der Familie“ verstößt. Für den Fall aber, daß ihre Auffassung dieser „Interessen“ abweicht von der seinigen, ist es ihm selbstverständlich, daß er die richtige Auffassung hat und sie die falsche.

Das Leben aber läßt sich so viel Selbstherrlichkeit nicht gefallen. Es wird früher oder später eine Situation herbeiführen, in der sich die Frau offensichtlich im Recht und der Mann im Unrecht befindet. Vielleicht wird irgendeine Anschauung ihr als notwendig und ihm als überflüssig erscheinen. Die einmalige größere Ausgabe aber, die sie vorschlägt, wird tatsächlich auf die Dauer als Ersparnis wirken. Und es ist nun die Frage, ob die Frau sich nach wie vor zum Objekt machen läßt und gegen ihr besseres Wissen auf die Anschaffung verzichtet (etwa in dem Gedanken, daß der Mann nun schuld sei, wenn man sich diese Ersparnisse entgehen ließe); oder ob sie eine offene Durchbrechung seiner Gebote wagt, die Anschaffung macht und ihn vor eine vollendete Tatsache stellt, um ihm später mit dem Wirtschaftsbuch in der Hand zu beweisen, daß sie recht gehabt hat; oder ob sie einen dritten Weg vorzieht, nämlich den der Heimlichkeit, indem sie scheinbar gehorcht und in Wirklichkeit tut, was ihr gut scheint.

In den beiden letztgenannten Fällen erweist sie sich als Subjekt, sie handelt auf eigene Verantwortung, nur das eine Mal offen und das andere Mal versteckt.

In allen drei Fällen aber hat der Mann seinen Zweck nicht erreicht. Denn sein Zweck war: gleichzeitig der Herr im Hause zu bleiben und eine möglichst sparsame Wirtschaftsordnung durchzuführen. Das Leben aber beweist ihm, daß er nicht imstande ist, diese beiden Ziele gleichzeitig zu erreichen. Er muß entweder auf das eine oder auf das andere verzichten, oder er muß sich mit dem Schein begnügen und sich von seiner Gattin vortäuschen lassen, daß er nach wie vor der allwissende und unfehlbare Herrscher des Hauses sei, während er in Wirklichkeit schon zum Gegenstand ihrer Behandlung geworden ist.

Dieser Mißerfolg kommt dadurch zustande, daß jeder Charakter sich letzten Endes nicht als Gegenstand oder Objekt, sondern als Wesen oder Subjekt erweist. Der Mensch handelt allen Berechnungen zum Trotz anders, als er handeln „müßte“, das Leben gedeiht oder verdirbt eines Tages unter Bedingungen, unter denen es sonst das Gegenteil zu tun pflegt; die Entwicklung schlägt plötzlich eine Richtung ein, die jeder absichtlichen Beeinflussung spottet, und die Freiheit bringt den Beweis, daß sie durch den Zusammenhang von Ursache und Wirkung weder erkannt noch gelenkt werden kann.

Die Fehler aber und Entgleisungen und auch das meiste, was wir Charakterzüge nennen, liegen nicht mehr in der Richtung des lebendigen Subjektes, sondern schon in der Richtung der toten Objekte. Sie haben alle etwas Starres, Mechanisches und Zwangsläufiges an sich, oder sie lassen sich doch auf starre, mechanische und zwangsläufige Bestimmungen zurückführen. Darum sind sie wissenschaftlich erforschbar und in gewissem Sinne auch beeinflußbar. Sie bilden mit Recht den eigentlichen Gegenstand der Charakterkunde. – Doch davon soll später die Rede sein.

Das wird freilich theoretisch jeder Erzieher, jeder Seelsorger und vor allem jeder Liebende gelten lassen, aber praktisch wird wohl niemand imstande sein, die Regel restlos zu befolgen, die sich aus dem

Gesagten ergibt. Wir alle sind bestenfalls in einer Entwicklung begriffen, die uns durch Umwege und Schmerzen in dieser Richtung vorwärtsführt, und unser Leben vergeht bestenfalls in einem nie endenden Lernen.

Die Regel aber heißt: *Wenn du den Menschen (sei es dich selbst oder einen anderen) zum Gegenstand deiner Forschung oder deiner Beeinflussung machst, vergiß nie, daß er mehr als ein Gegenstand, nämlich ein unerkennbares, unberechenbares, freies und schöpferisches Subjekt ist.*

Zweites Kapitel

Zielstrebigkeit

§ 4

Der Charakter als Zweckpyramide

Jeder Mensch hat jederzeit Ziele, die er kennt, oder Zwecke, die er nicht kennt, oder beides. Diese Ziele und Zwecke bilden den letzten, ausschlaggebenden Grund für sämtliche Lebensvorgänge. Aber nicht nur die „gesunde“ Entfaltung des Lebens, sondern auch die Fehler und die Hemmungen dieser Entfaltung (mit denen es die Charakterkunde hauptsächlich zu tun hat) lassen sich aus den Zielen und Zwecken des Menschen verstehen. Wer eine menschliche Tat begreifen will, gelangt erst zur Klarheit, wenn er außer den gleichsam von rückwärts wirkenden Ursachen auch die gleichsam von vorwärts ziehenden Ziele oder Zwecke ausfindig macht.

Aber man mache sich deutlich, daß jede Ursache ihrerseits wieder die Wirkung einer anderen Ursache ist, und daß es nie gelingen kann, eine wirklich erste Ursache auf wissenschaftlichem Wege festzustellen. Und ebenso mache man sich klar, daß jeder Zweck wieder nur ein Mittel im Dienste eines höheren Zweckes sein kann, und daß es nie gelingen wird, auf wissenschaftlichem Wege einen Endzweck aufzufinden. Die Ursachenketten sind nach rückwärts ebenso unendlich, wie die Zweckpyramide nach vorwärts unendlich ist.

Nur der Mensch setzt sich willkürlich seinen Endzweck, den wir als „Ziel“ bezeichnen wollen; und er beschränkt die Ursachenketten, mit denen er zu tun hat, willkürlich auf ein bestimmtes Gebiet, indem er an irgendeiner Stelle den Tatbestand als „gegeben“ und nicht weiter erklärungsbedürftig annimmt. So geht etwa eine naturwissenschaftliche Weltentstehungslehre von einem Zustand gleichmäßig verteilter energiegeladener Atome aus, indem sie sich weigert, weiter zu fragen, aus welchen Ursachen denn dieser gleichmäßige Zustand hervorgegangen sein könnte. Und wer sich sein Leben bewußt und folgerichtig aufbauen will, setzt sich ein bestimmtes Ziel; er will etwa einen bestimmten Posten oder einen bestimmten Wirkungskreis oder ein bestimmtes Vermögen erreichen, und er fragt nicht weiter, im Dienste welches nächst höheren Zweckes diese Dinge einmal stehen sollen, wenn sie nicht mehr erstrebenswerte Endziele, sondern schon erreichte Lebensstufen und darum nur noch Mittel im Dienste neuer Ziele sein können.

Überall nun, wo es sich um Fehler der Entwicklung oder um innere Hemmungen des Lebens handelt, wo also unsere Charakterkunde ihren angemessenen Gegenstand findet, da stoßen wir auf Zwecke, die als Endzwecke wirken. Die unendliche Pyramide des Lebens erweist sich hier als vorzeitig abgeschlossen. Und alle derartigen Vergewaltigungen der unendlichen Zweckhaftigkeit des Lebens sind wissenschaftlich nachweisbar. Sie wirken eindeutig und zwangsläufig wie Ursachen (darum nennt man sie Zweckursachen, Motive, causae finales). Und sie bedeuten ausnahmslos den Verzicht des Menschen auf die lebendige Entfaltung im Dienste der unendlichen Zweckhaftigkeit, und darum bedeuten sie den Verzicht des Menschen auf das gleichzeitige Subjekt- und Objektsein. Wer sich bewußt oder unbewußt auf ein Endziel festlegt, verzichtet damit auf Lebendigkeit und Menschenwürde.

Wenn wir beispielsweise den Eifer eines fleißigen Kindes verstehen wollen, dürfen wir nicht nur nach der Ursache fragen. Was sollte auch die Ursache des Fleißes sein? Etwa der Befehl des Lehrers, die Bitte der Mutter oder die schlechte Erfahrung, die das Kind am Tage vorher machte, als es faul war? Oder soll man einen besonderen Lerntrieb annehmen oder gar an eine vererbte Anlage zum Lernen glauben? Jeder wird einsehen, daß diese Ursachen zwar mit im Spiele sein können, daß sie aber nie den zureichenden Grund des Fleißes enthalten werden. Wer mit der Faulheit schlechte Erfahrungen macht, geht nur dann zum Fleiß über, wenn er das Ziel hat, in Zukunft bessere Erfahrungen zu machen. Hat er dieses Ziel nicht, so überläßt er sich ruhig den Folgen der Faulheit, er verzichtet auf sein Subjektsein und wird zum Objekt hilfloser Pädagogen, die ihn immer tiefer in das ausschließliche Objektsein hineinprügeln.

Sobald man aber fragt, welchem Zweck der Fleiß (oder die Faulheit) des Kindes dienen mag, so ergibt sich ein völlig verständliches Bild. Vielleicht findet man dann bei eingehender Beobachtung, daß das Kind eine unmittelbare Freude an seiner Arbeit hat. Es weiß dann für seinen Fleiß keinen anderen Grund anzugeben als das Wohlbehagen, das das Lernen ihm verursacht. Die nächst höheren Zwecke, denen das Lernen als Mittel dient, sind dem Kinde noch nicht bekannt, und auch der Erwachsene darf sich nicht einbilden, sie zu kennen. Er muß sich mit der allgemeinen Feststellung begnügen: Das Kind ist fleißig, weil es unbewußt seiner eigenen Entfaltung und darüber hinaus der Entfaltung seines Volkes und des Menschenlebens dient. Die unendliche und ewig unerforschliche Zweckhaftigkeit des Lebens erweist sich als unmittelbar gegenwärtig in diesem Kind, und alles weitere Forschen ist zwecklos. Wir haben nichts weiter zu tun, als achtungsvoll dafür zu sorgen, daß der Weg des Lebens nicht gestört wird.

Vielleicht aber entdecken wir in dem Fleiß des Kindes die Wirksamkeit eines ganz anderen Zweckes. Vielleicht ist es fleißig, um gelobt zu werden oder um in der Klasse den ersten Platz zu behaupten. Dann ergibt sich als nachweisbarer Endzweck die Erhöhung des eigenen Ich. Diese Erhöhung oder auch nur die Bewahrung dieses eigenen Ich tritt überall da als bewußtes Endziel oder als unbewußter Endzweck in Wirksamkeit, wo die unendliche Zweckpyramide des Lebens willkürlich abgeschlossen worden ist, oder (was dasselbe ist) wo ein Mensch sich sträubt, frei und verantwortlich seinen Weg zu gehen. — Doch davon später.

Zunächst ergibt sich aus dem Gesagten die Regel: *Man frage nicht, woher, durch welche Ursache sich das menschliche Handeln bestimmt, sondern man frage, wozu, im Dienste welchen Zweckes verhält sich der Mensch so, wie er sich verhält.*

§ 5

Leitbild und Leitlinien

Wer durch und durch lebendig wäre und bereit, Subjekt zu bleiben, so oft und so gründlich das Leben ihn auch zum Objekt macht, der würde als Gipfel seiner Zielpyramide keinen bestimmten Inhalt mehr anzugeben wissen. Er würde sich genug sein lassen mit den vorläufigen und wechselnden Zielen, die sich aus seinen unvollständigen Einsichten und aus seinen dem Irrtum unterworfenen Werturteilen ergeben. Er würde ohne großen Schmerz und ohne Furcht vor dem Makel der Unbeständigkeit bereit sein, sein jeweiliges Ziel gegen ein besseres einzutauschen.

Sein Leben würde darin bestehen, daß er ununterbrochen an seinen Fehlern leidend und aus diesem Leiden lernend vom größeren zum kleineren Irrtum fortschreiten würde. Und er würde auf diesem schweren Wege weder den Mut noch die Hoffnung verlieren, da er sich ja unerschütterlich auf die Wirksamkeit und endgültige Richtigkeit des letzten unendlichen Zweckes verlassen könnte, dessen Walten ihm in allem Lebendigen sichtbar sein würde. – Aber so bis ins Letzte mutig und vertrauensvoll steht wohl kein Sterblicher dem Leben gegenüber.

Wir alle merken früher oder später, daß wir auf irgendein Ziel nicht verzichten wollen, daß wir leiden, wenn es uns vorenthalten wird, und daß wir innerlich gleichsam einen Prozeß gegen Gott anstrengen, wenn unsere angeblich berechtigten Forderungen nicht erfüllt werden. So gibt es Väter, die den Groll gegen einen mißratenen Sohn, und so gibt es Mädchen, die die Trauer um einen treulosen Liebhaber niemals verwinden. Sie entziehen sich dem Leben, weil sie ihm seine Härte nicht verzeihen. Sie glauben im Recht zu sein und setzen sich eben dadurch ins Unrecht. Sie handeln wie Kinder, die sagen: „Wenn das Spiel uns nicht gefällt, spielen wir nicht mit. Dann seid ihr schuld daran, daß wir nicht spielen können. Warum spielt ihr nicht so, wie wir es haben wollen?!" – Wer ist der Spielverderber, Gott oder der Mensch?

Fragen wir in solchen Fällen: „Wozu, im Dienste welchen Zweckes wird der Kampf um das schon nicht mehr erreichbare Ziel noch weitergeführt?" so ergibt sich ausnahmslos, daß hier ein Ideal, oder wie wir sagen, ein *Leitbild* verteidigt wird, das die Lebensführung des betreffenden Menschen (meistens ohne daß er es weiß) von Anfang an beherrscht hat.

In diesem Bilde vereinigen sich sinnvoll alle Ziele, die in seinem bisherigen Leben aufgetreten sind, ganz ähnlich wie eine Anzahl von Linien sich zu einer sinnvollen Gestalt vereinigen. Wir nennen diese Linien, die das Verhalten des Menschen in seinen einzelnen Situationen bestimmen und die ungefähr den sogenannten Charakterzügen entsprechen, die *Leitlinien.* Das Leitbild entsteht in der Kindheit auf eine Weise, von der noch genauer die Rede sein wird. Die Leitlinien bilden sich sinngemäß im Dienste des Leitbildes auf Grund der späteren Erfahrungen aus. Sie vervollständigen und bereichern das Leitbild, ohne es aber in seinen Grundzügen nachhaltig ändern zu können.

Dieses Leitbild muß in jedem Einzelfall in zwei verschiedenen Hinsichten sorgfältig erforscht werden. Erstens ist festzustellen, welchen Inhalt es hat. Denn es ist selbstverständlich für das Schicksal eines Menschen von ausschlaggebender Bedeutung, ob er etwa einem Leitbild nachstrebt, das durch eine pensionsberechtigte und nach allen

Seiten gesicherte Beamtenlaufbahn charakterisiert wird, oder ob sein Leitbild Franz von Assisi, Casanova oder Mussolini heißt. Noch wichtiger ist aber die zweite Bestimmung dieses Leitbildes, nämlich der Grad seiner Starrheit.

Man darf jedoch nicht meinen, daß das Leitbild genau das gleiche sei wie das Ideal, das einem Menschen in seinem Bewußtsein vorschweben mag. Man findet im Gegenteil ziemlich häufig einen krassen Widerspruch zwischen dem bewußten, aber unwirksamen Ideal und dem unbewußten, aber tatsächlich wirksamen Leitbild. So kann jemand das Ideal haben, ein guter Christ zu sein. Sein Leitbild aber kann trotzdem heißen: „Ich bin der Erste, der Unvergleichliche, der niemand neben sich duldet." Es wird dann nicht ausbleiben, daß all sein angebliches Christentum, seine Demut, seine Gelassenheit und seine Nächstenliebe als Mittel dienen, um ihm die erste Stelle in der Rangordnung des Himmels zu sichern. Er wird zum Pharisäer, ohne es zu wissen. Und erst die Wirklichkeit, die ihn eines Tages vor die Entscheidung stellt, entweder sich selbst oder das Christentum aufzugeben, reißt ihm die unbewußte Maske vom Gesicht.

Wir tragen unser Leitbild wie eine Forderung oder wie einen Schuldschein mit uns herum, den wir immer wieder dem Leben zur Einlösung vorlegen. Und wenn das Leben die verlangte Summe nicht zahlt, antworten wir mit Protest, mit Klage oder Streik. Wir sagen etwa: „Da ich nicht haben soll, was mir zusteht (nämlich einen treuen Gatten, wohlgeratene Kinder, einen guten Ruf, ein zulängliches Einkommen und dergleichen), trotzdem ich mir die denkbar größte Mühe darum gebe, hat das Leben mich ungerecht behandelt. Das lasse ich mir nicht gefallen. Ich streike. Und es ist nicht meine Schuld, wenn ich zugrunde gehe." Und wenn das Leben uns Streikenden noch weniger Freuden liefert als vorher den in falscher Richtung Suchenden, so verschärfen wir unseren Protest, und zwar um so ernstlicher, je starrer wir auf unser Leitbild festgelegt sind. Wir sagen dann: „Was alles hätte ich erreichen können, wieviel hätte ich auf Erden leisten können, wenn das Leben mich nicht so enttäuscht und in die Verbitterung hineingejagt hätte!" Wir machen nicht uns selbst, sondern irgend jemand anders für unsere Fehler verantwortlich; doch der Lebensstreik ist zweifellos unser ureigenster Fehler. Er läßt sich auch durch die denkbar größten Fehler unserer Umgebung nicht entschuldigen. Aber Streiken heißt hier schon die Verantwortung leugnen.

Dies ist der Weg, der aus dem einfachen Protest gegen eine angebliche Benachteiligung allmählich bis in die Melancholie oder in den Selbstmord hineinführt. Wir alle gehen in den kritischen Zeiten unseres Lebens ein Stück weit auf diesem Wege, und wir kommen um so leichter von ihm los, je weniger eigensinnig wir an unserem Leitbilde festhalten.

Wer den Charakter eines Menschen oder auch seinen eigenen Charakter erforschen will, muß daher erstens feststellen, welche Leitlinien in ihm wirksam sind und zu welchem Leitbilde sie sich zusammenschließen, und zweitens muß er abschätzen, welcher Grad von Starrheit diesem Leitbilde anhaftet. Und zwar läßt sich diese Feststellung durch ein einfaches Verfahren erreichen: Man sage demjenigen, der sich für einen Dichter hält, daß er kein Dichter sei, dem Jünger Pestalozzis sage man, daß er nichts von Erziehung verstehe, und der liebenden Gattin deute man an, daß sie durchaus nicht zu lieben wisse. Es ist dabei einerlei, ob die betreffenden Menschen solche Charakterzüge tatsächlich besitzen, oder ob sie sie nur besitzen möchten. Es kommt nur darauf an, wie großen Wert sie auf das Urteil des anderen legen.

So ergibt sich die Regel: *Man widerspreche dem Bilde, das man für das Leitbild hält, und man wird an der mehr oder weniger heftigen Antwort, die man erhält, sofort erkennen, ob man das richtige Leitbild getroffen hat, und wie kraß es verteidigt wird. Je weniger starr das Leitbild ist, um so freundlicher und harmloser werden solche Angriffe zurückgewiesen werden.*

§ 6

Der Mensch als Gefangener seines Leitbildes

Die Wirksamkeit der Zwecke (und auch der Ziele) erstreckt sich weiter, als man zunächst annehmen möchte. Zwar sprach man in der Biologie schon immer von der Zweckmäßigkeit des Körperbaues und von der zweckmäßigen Zuordnung aller Organe, aber wer Charakterkunde treibt, muß sich klarmachen, wie sich die Zweckhaftigkeit des Lebens durch alle körperlichen und seelischen Vorgänge hindurch einheitlich auswirkt.

Die wichtigste dieser Wirkungen ist die sogenannte tendenziöse Apperzeption, die „bunte Brille“, die darin besteht, daß jeder Mensch nur diejenigen Sinneseindrücke in sich aufnimmt, die zu seinen Zwekken in Beziehung stehen, und daß er die aufgenommenen Eindrücke nur so in sich verarbeitet, wie es seinen Zwecken entspricht. Wer einen Menschen oder eine Einrichtung sehr ablehnt (man denke etwa an den politischen Haß), der hat ein scharfes Auge für die Schwächen und Fehler seines Gegners, seine Vorzüge aber wird er unwillkürlich außer acht lassen. Je stärker man haßt, und das heißt, je wichtiger der Haß für die Erreichung der eigenen Ziele ist, um so größer ist die Gefahr, daß man in belanglose Kleinigkeiten einen belastenden Zusammenhang „hineinsieht“ und daß man im Gedächtnis nur diejenigen Tatsachen aufbewahrt, an deren Aufbewahrung man ein Interesse hat. – Eines Tages aber muß die Falschheit der Vorurteile und Ansichten, die auf diese Weise zustande kommen, sich bitter rächen. Die Wirklichkeit muß hervortreten, so wie sie ist, und nicht so, wie sie erscheint, und alle, die sich geirrt haben, müssen ihren Irrtum büßen.

Besonders kraß macht sich die tendenziöse Apperzeption bemerkbar, wo es sich um ausgesprochenen Pessimismus oder Optimismus handelt. Der Optimist läßt sich durch seine rosige Brille täuschen, bis die rauhe Wirklichkeit ihm diese Brille zerbricht. Dann aber schlägt sein krasser Optimismus in das krasse Gegenteil um. Der Pessimist sieht, ob er will oder nicht, die Welt durch eine schwarze Brille an. Ihre Helligkeiten nimmt er nicht wahr, oder er deutet sie um. Und daher ist es nicht möglich, daß er auf Grund eigener Erfahrungen seinen Pessimismus überwinde. Wenn aber ein anderer versucht, ihn zu überzeugen, so muß er gegen die ganze Starrheit des pessimistischen Leitbildes ankämpfen. Dieses Leitbild heißt etwa: „Ich bin ein Märtyrer! Die Welt ist eine Hölle, und nur ich bin imstande, dies zu erkennen; die anderen sehen es nicht, darum muß ich durch mein unseliges Leben beweisen, daß ich recht habe, nämlich: daß die Welt eine Hölle ist.“ Diesen Menschen eines Besseren belehren, hieße ihn vom Throne stoßen. Und darum wird er mit Hilfe seiner tendenziösen Apperzeption seine eigene Unseligkeit verteidigen, wie ein Herrscher seinen Thron verteidigt; er wird lieber unglücklich bleiben und recht behalten; aber in Worten behaupten wird er das Gegenteil.

Ganz ähnlich wie in der tendenziösen Apperzeption macht sich die Zielstrebigkeit des Menschen in der tendenziösen Richtung seiner Gefühlsurteile bemerkbar. Für jeden Menschen ist die Annäherung an ein Leitbild mit dem Gefühl des Glücks und die entgegengesetzte Bewegung mit dem des Unglücks verbunden. Ein Kind, dessen Leitbild heißt: „der beste Schüler“, wird sich über ein öffentliches Lob sehr freuen; ein Kind aber, dessen Leitbild heißt: „das Veilchen, das unbemerkt im Winkel blüht“, muß durch das gleiche Lob tief unglücklich werden.

Daher kommt es, daß der gleiche Vorgang für den einen Freude und für den anderen Schmerz bedeutet, und daß das gleiche Geschenk den einen beglückt und den anderen verletzt. Wer Freude machen will, muß das Leitbild des anderen kennen, sonst schlägt sein Bemühen zum Gegenteil aus.

Ebenso wie von den seelischen Funktionen (Wahrnehmen, Denken, Fühlen, Wollen, Erinnern) läßt sich auch von den körperlichen Funktionen (Stoffwechsel, Wachstum, Drüsensekretion) und von denjenigen Zuständen, die Körper und Seele zusammen umfassen (Schlaf, Müdigkeit, Appetit, Frische, Stimmung, Geschlechtlichkeit), nachweisen, daß sie eindeutig im Dienste des Leitbildes stehen. Freilich setzt der endgültige Beweis für diese Behauptung ein eingehendes medizinisches Studium voraus; doch kann man sich schon eine zulängliche Vorstellung über die hier gemeinten Zusammenhänge bilden, wenn man darauf achtet, wie genau auch der Laie (wenn er nur feinfühlig und unvoreingenommen genug ist) das Leitbild seiner Mitmenschen aus ihrer Haltung, ihrem Gang, ihrer Atmung, ihrem Pulsschlag, ihrer Stimme, oder ihrer Schrift zu beurteilen vermag. Man kann etwa von einem Pädagogen sagen „jeder Zoll ein Pestalozzi", oder von einem Beamten „jede Bewegung verrät den künftigen Minister". Und man kann von beiden mit fast mathematischer Genauigkeit berechnen, wie sie sich in jeder beliebigen Situation benehmen werden — vorausgesetzt, daß sie nicht plötzlich zur Freiheit ihres Wesens erwachen und das Leitbild, dem sie versklavt waren, frei schaffend umgestalten.

Wer das Leitbild eines Menschen kennt, weiß, mit welchen Augen er die Welt betrachtet, wie seine Gefühle verlaufen und welche Richtung seine Gedanken nehmen. Und gesetzt den Fall, es würde gelingen, das Leitbild dieses Menschen zu ändern, so würde der ganze Mensch einschließlich seines Denkens, Fühlens und Wollens, einschließlich seiner körperlichen Vorgänge und auch seiner Bedürfnisse, Gewohnheiten und Fähigkeiten geändert werden. Das Ziel der Charakterforschung läßt sich demnach formulieren als die Feststellung des im Menschen wirksamen Leitbildes, und das Ziel der Charakterbeeinflussung stellt sich nunmehr dar als die Veränderung derjenigen Leitbilder, die sich als unbrauchbar erweisen.

Da alle einzelnen Lebensäußerungen durch die Leitlinien gewissermaßen vom Leitbild aus bestimmt werden, ist es sinnlos, sie im einzelnen und ohne Rücksicht auf ihren Zusammenhang beeinflussen zu wollen. Wer einem Trunksüchtigen den Trunk, einem Jähzornigen den Zorn, einem Ängstlichen und Eifersüchtigen die Eifersucht abgewöhnen will, der handelt genau so wie ein Arzt, der einen Scharlachkranken mit Hilfe einer Salbe von seinem Hautausschlag heilen will. Er kämpft gegen ein Symptom und läßt den Herd der Krankheit unberücksichtigt. Er kann bestenfalls erreichen, daß dies eine Symptom zurücktritt, daß die eine Leitlinie verschwindet, und daß der Sinn und das innere Gleichgewicht des Leitbildes durch ein neues, aber versteckteres Symptom wiederhergestellt wird.

Man kann ein lügenhaftes Kind so hart bestrafen, daß es nicht mehr lügt, aber man wird auf diese Weise niemals ein offenherziges und freimütiges Kind aus ihm machen; sondern man wird nur erreichen, daß es den Sinn seines Leitbildes mit anderen noch raffinierteren Mitteln verwirklicht. Wenn sein Leitbild etwa hieß: „Ich bin der schlaue Fuchs, den niemand durchschaut", so wird es anstatt des Lügens zwar die Wahrheit sagen, aber doch nur dann und in der Form, die ihm, dem Fuchs, die unbedingte Überlegenheit über den Löwen (den Vater) und über den Bären (den Lehrer) zu sichern vermag. Man prügelt also das unaufrichtige Kind in eine immer größere Unaufrichtigkeit hinein.

So ergibt sich die Regel: *Bekämpfe nicht die einzelnen fehlerhaften Leitlinien eines Menschen, sondern suche nach dem Leitbild, in dessen Dienst diese Leitlinien stehen; und sei dir klar darüber, daß man den Menschen nur entweder gründlich oder gar nicht ändern kann; denn der Mensch ist ein einheitliches Wesen.*

Drittes Kapitel

Einheitlichkeit

§ 7

Verschiedene Mittel zum gleichen Zweck

Nach dem bisher Gesagten muß der Charakter des Menschen ein völlig einheitliches Gebilde darstellen. Widersprüche innerhalb des Charakters sind nicht mehr denkbar – oder unsere Charakterkunde wäre falsch.

Darum erhebt sich die Frage, wie dann die offensichtlich einander widersprechenden Charakterzüge zu verstehen sind, die uns bei so vielen Menschen und wahrscheinlich auch bei uns selber immer wieder begegnen. Aber die meisten dieser Widersprüche erscheinen nur als solche, solange man bei der Frage „woher", bei der Frage nach der Ursache und somit bei der kausalen Betrachtungsweise stehen bleibt. Man kann etwa fragen: „Warum, aus welcher Ursache benimmt sich Frau X allen Fremden und auch ihren Gästen gegenüber so bezaubernd liebenswürdig und zuvorkommend, während sie doch eine unleidliche, immer gereizte, geifernde Schlange wird, sobald sie mit Mann und Kindern allein ist?" Sie selber weiß keine Antwort auf diese Frage. Sie steht ebenso wie ihre Angehörigen vor einem unlösbaren Rätsel, ja, sie selber leidet vielleicht unter diesem angeblichen Widerspruch in ihrem Charakter noch mehr als ihre Mitmenschen darunter leiden. Kann es denn sein, daß man ein Engel und ein Teufel zugleich ist? Und was muß man tun, um diesen inneren Widerspruch zu überwinden?

Aber das Rätsel löst sich nur allzu leicht, sobald man final fragt: „Wozu, zu welchem Zwecke benimmt sie sich das eine Mal so und das andere Mal anders? Welches ist der gemeinsame Sinn, der diesen widersprechenden Leitlinien innewohnt? Welches ist das gemeinsame und einheitliche Leitbild, dem diese verschiedenen Linien als Mittel dienen?“ – Und sofort springt jedem, der die finale Betrachtungsweise gelernt hat, die Antwort entgegen: „Sie will überall die erste Rolle spielen.“ Ihr Leitbild heißt: „Ich bin die Königin! Ihr sollt mich bewundern oder mich fürchten, entweder so oder so – ihr sollt auf den Knien liegen vor mir!“

Im Dienste dieses Leitbildes ergibt sich die erste Leitlinie, die sich etwa in die Worte übersetzen läßt: „Wenn es gilt, Fremde, über die man zunächst noch keine Macht hat, zur Huldigung zu zwingen, tue ich das, was die Fremden bezwingt, ich bin süß, weich, teilnehmend, geistreich und unwiderstehlich.“ – Und die andere Leitlinie, die aufs genaueste mit der eben genannten zusammenpaßt, lautet etwa: „Wenn es aber gilt, die Menschen zur Huldigung zu zwingen, die sich schon in meinem Machtbereich befinden, die also schon meine Untertanen sind, so wende ich diejenigen Mittel an, die sich hier als die wirksamsten erweisen, ich schelte und fauche, oder ich klage und stöhne, ich habe Kopfschmerzen, bin zerschlagen, gehe wie ein lebendiger Vorwurf durch die Zimmer, oder liege bleich auf dem Sofa; dann muß alles auf Zehenspitzen gehen, dann darf kein lautes Wort gesprochen werden, alles zittert vor meiner Majestät.“

Man erschrecke nicht über die Kraßheit dieser Darstellung. Man sage auch nicht, eine solche Beschuldigung träfe nur für besonders lieblose oder gar kranke Naturen zu. Wir sind ausnahmslos „krank“ oder „lieblos“, und wir haben gute Gründe, diese Tatsache vor uns selbst und vor unseren Mitmenschen zu verbergen. Wer es wagt, sich selbst oder einem anderen die Maske vom Gesicht zu nehmen, und das heißt, wer es wagt, rückhaltlos und ehrlich menschliche Charakterkunde zu studieren, der darf sich nicht entsetzen, wenn er in jedem Menschen ausnahmslos und überall die fratzenhaften Züge eines Teufels findet.

Wer nicht den Mut hat, der Wahrheit ins Auge zu sehen, der kehre hier um. Er lege dies Buch weg und begnüge sich damit, seine Mitmenschen und auch sich selbst für „leidlich guten Durchschnitt“ zu halten. Aber er verzichte dann auch auf jedes Verständnis für die angeblichen Widersprüche und auf jede Möglichkeit zur Beeinflussung des menschlichen Charakters.

Wer sich aber durch die Not des irdischen Daseins gezwungen sieht vorwärtszugehen, der fasse sich ein Herz und wage ohne Beschönigung und ohne Selbstbetrug den menschlichen Charakter zu erforschen, auf die Gefahr hin, daß er auch bei denen, die er für die Liebenswertesten und Herrlichsten hält, plötzlich auf jene grinsende Fratze stößt. Er sehe sie so ruhig an, wie der Arzt ein Krebsgeschwür ansieht – und er wird den verborgenen Sinn, die ewig unverlierbare Zweckhaftigkeit des Lebens auch noch in den Zügen der Fratze entdecken. Dann wird alles Entsetzen verschwunden sein, und man wird nicht nur verstehen, sondern auch zu helfen wissen. Das französische Sprichwort „Tout comprendre, c'est tout pardonner, alles verstehen heißt alles verzeihen", wird hier überholt und verwandelt in ein viel größeres Gesetz. Es heißt: „Tout comprendre, c'est tout corriger, Verstehen heißt helfen." Wer zu verstehen glaubt, ohne helfen zu können, muß sich irren. Er hat noch nicht wirklich verstanden.

Hier zeigt sich der Dreischritt zwischen Subjekt und Objekt, die Dialektik, die jeder Beschäftigung mit dem menschlichen Charakter notwendigerweise innewohnt und sie aus einer Wissenschaft oder einer Kunst in ein unmittelbares Erlebnis verwandelt. – Man leidet an Schwierigkeiten, die man im Charakter des Menschen vorfindet, einerlei ob dieser Mensch man selber oder ein anderer ist. Um Abhilfe schaffen zu können, sieht man sich gezwungen, diese Schwierigkeiten zu erforschen. Man wendet sich dem menschlichen Charakter zu, als ob er ein Objekt wäre. Das ist der erste Schritt. – Man erschrickt alsdann vor der Abwegigkeit, Verzerrung und Häßlichkeit des menschlichen Charakters. Man steht vor der Wahl, entweder die Augen vor jeder weiteren Einsicht zu schließen und von jeder Hilfeleistung Abstand zu nehmen, oder aber selbst an dieser Not, der man sich unterzieht, zu reifen, indem man sie auf sich nimmt, ohne den Mut zu verlieren, bis hinter dem Irrtum die Wahrheit und hinter der Teufelsfratze das Menschengesicht zum Vorschein kommt. Man selbst, als Subjekt, leidet nicht nur, sondern man wächst und reift auch an dem Objekt, das man studiert. Das ist der zweite Schritt. – Dann aber, wenn man an seinem Objekt so weit gereift ist, daß man sich ihm, seiner Abwegigkeit, seinen Qualen und seinen Aufgaben gewachsen erweist, vermag man nicht nur zu verstehen, was eben noch unverständlich schien, sondern man vermag auch zu bejahen, wo man eben noch verneinen mußte. Das Objekt bejahen, wenn dies Objekt ein menschlicher Charakter ist, heißt aber, diesen Charakter bejahen als das, was er letzten Endes immer sein muß, nämlich als Subjekt. Es heißt, ihn anerkennen trotz aller Fehler, ihn lieben trotz aller Verzerrung, ihn als ein Subjekt achten, trotzdem er sich gebärdet wie ein Objekt. Dadurch gibt man ihm, ob er will oder nicht, seine Menschenwürde, seine subjektale Freiheit wieder, und man hilft ihm, soweit einem selbst durch die Begegnung mit ihm geholfen worden ist. Das ist der dritte Schritt der dialektischen Wechselwirkung zwischen Subjekt und Objekt.

Aber noch eine andere mehr theoretische Frage ergibt sich aus der vorhin geschilderten Auflösung des Charakterwiderspruchs. Man darf nämlich nicht meinen, daß jemand bewußt oder gar absichtlich wie ein kluger Diplomat zwei so verschiedene Mittel zur Errichtung eines und desselben Zweckes anwenden kann. Wer es bewußt versuchen würde, käme nur zu kläglicher Schauspielerei. Entweder seine Liebenswürdigkeit gegen die einen oder seine Tyrannei gegen die anderen würde als Mache erscheinen und wirkungslos bleiben. Vielmehr handelt es sich in solchen Fällen immer um unbewußte Leitlinien, die in jahrelanger Entwicklung nach und nach entstanden sind, und deren Wirkung sich bis tief in die körperlichen Vorgänge hinein entfaltet hat. Das Herz schlägt anders, Röte und Blässe verhalten sich anders, der Ausdruck der Augen wird anders, wenn die Gäste kommen. Und man fühlt die Kopfschmerzen, man hat sie wirklich, man bildet sie sich nicht nur ein, wenn die Gäste fortgegangen sind. Der Blutkreislauf, der wie alle Organfunktionen ein überaus gehorsamer Diener der Seele ist, tut einem den Gefallen: Die Blutleere im Gehirn tritt genau in der Sekunde auf, in der sie als unbewußtes Mittel im Dienste jenes unbewußten Zweckes gebraucht wird. Der Schwindelanfall oder die Ohnmacht setzt genau dann ein, wenn der Mann zu seinen Freunden gehen will. Man spielt nicht Theater, sondern man ist wirklich krank. Man ist krank zu einem eindeutigen Zweck: Der Mann darf nicht zu seinen Freunden gehen. Schon die vorhin erwähnte Tatsache, daß man sich zwei verschiedenen Personen gegenüber verschieden benimmt, gehört hierher. Es handelt sich stets um die sinngemäße Anwendung verschiedener Mittel unter verschiedenen Bedingungen im Dienste eines gleichbleibenden Zweckes.

Die Einheitlichkeit des Leitbildes tritt deutlich hervor und gleichzeitig läßt seine Starrheit sich genau abschätzen, wenn man die verschiedenen Leitlinien, die sich in einem Charakter zeigen, gleichsam bis zu ihrem Schnittpunkt verlängert. Ob es sich um den Wechsel in den Launen eines Machthabers, also etwa um Leutseligkeit und Reizbarkeit handelt, oder ob wir sehen, daß jemand abwechselnd sehr geizig und sehr verschwenderisch ist, oder ob wir einen Quartalsäufer verstehen wollen, der zeitweise nüchtern lebt und zeitweise unmäßig trinkt, oder ob wir ein Kind vor uns haben, das sich bald freundlich und fügsam und bald trotzig und wild gebärdet — immer gilt für die Auflösung der Charakterwidersprüche die gleiche Regel:

Frage bei allen einander widersprechenden Charakterzügen: „Wozu dienen sie dem, der sie hat", stelle ihr gemeinsames Ziel fest, und du wirst das Leitbild finden, dem sie unter wechselnden Bedingungen des Lebens als die wechselnden Mittel dienen. — Wenn es dir aber nicht gelingt, jenen einheitlichen Zweck zu entdecken, so muß es daran liegen, daß du selbst noch vor der Wahrheit die Augen verschließt, daß du nicht wagst, die menschliche Teufelsfratze zu durchschauen, weil dir das Vertrauen fehlt, und weil du nicht glaubst, daß hinter allen Widersprüchen die Einheit und hinter allem Bösen das Gute liegt.

§ 8

Die Doppelwertung und Ambivalenz

Meist ist es nicht allzu schwer, die angeblichen Charakterwidersprüche zu klären, die sich in widersprechenden Verhaltungsweisen, Gewohnheiten oder Stimmungen äußern. Weniger einfach gestaltet sich jedoch die Aufklärung da, wo es sich nicht um zwei aufeinander folgende und einander widersprechende Stellungnahmen, sondern um ein noch unentschiedenes Schwanken zwischen zwei Möglichkeiten handelt.

Man stelle sich etwa vor, daß ein Mensch nicht weiß, ob er ausgehen oder zu Hause bleiben soll. Die erstere Möglichkeit würde etwa seiner Gesundheit und die zweite seiner Arbeit zugute kommen. Dann würde man durch die finale Betrachtungsweise zu der Frage gelangen, welches dieser beiden Teilziele im Dienste der unendlichen Zweckhaftigkeit wichtiger sei — und die Entscheidung wird sich in den meisten Fällen jeder irdischen Beurteilung entziehen.

Oder man stelle sich einen Hungernden vor, der einen Korb voll Äpfel unbewacht vor einem Gemüseladen stehen sieht. Soll er stehlen oder weiter hungern? Er befindet sich in der Situation der Versuchung, und sofern er sich nicht unmittelbar für die eine oder die andere Möglichkeit entscheidet, stürmen alle Probleme der Ethik auf den Unentschiedenen ein. Und je mehr er sich um die Klarheit bemüht (oder zu bemühen scheint), um so weniger wird er die Entscheidung finden.

Schließlich wird er vielleicht theoretisch für das Weiterhungern und praktisch für den Apfeldiebstahl entschlossen sein (oder auch umgekehrt), aber sein Schwanken zwischen den beiden Möglichkeiten ist dadurch noch nicht beendet. Und es scheint keine Rettung aus dieser Notlage zu geben.

Wer nicht weiß, ob er sich für das Examen melden oder ob er sich noch länger vorbereiten soll, ob er Börsenpapiere kaufen oder verkaufen soll, ob er heiraten oder ledig bleiben, ob er die Schwarzhaarige oder die Blondhaarige wählen soll, befindet sich in der gleichen charakterlichen Verfassung — vorausgesetzt, daß sein Schwanken länger dauert als der kurze Augenblick, der für sein Abwägen von Gründen und Gegengründen nötig sein würde.

In allen diesen Fällen handelt es sich scheinbar um zwei gleichzeitig in einem Menschen wirkende Zwecke (daher der Name Ambivalenz oder Doppelwertung). Hier wird schon final gedacht, und daher läßt sich diese Schwierigkeit nicht wie die vorhin erwähnte durch den Übergang von der Frage „Woher" zur Frage „Wozu" beseitigen. Auch der an die finale Betrachtung Gewöhnte könnte hier etwa den Eindruck haben, daß die beiden einander widersprechenden und gleichzeitig wirksamen Zwecke wie zwei außenstehende Mächte an dem Menschen zerren oder gar um ihn ringen. Der dichterische Ausdruck, daß zwei Seelen in einer Brust wohnen, und auch die kindlich religiöse Vorstellung, daß ein Engel und ein Teufel die Seele für sich zu gewinnen suchen, ist aus diesem Erlebnis des inneren Zwiespalts hervorgegangen.

Aber man lasse sich nicht durch künstlerische oder weltanschauliche Bilder betrügen. Sie stehen sämtlich noch im Dienste der menschlichen Scheu vor Verantwortung. Es ist ein feiner, aber außerordentlich wichtiger Unterschied, ob man sagt, „zwei Kräfte (oder Wünsche) streiten sich in mir um den Vorrang", oder ob man sagt „ich stehe vor der Wahl zwischen zwei Möglichkeiten". Im ersteren Falle fällt die Entscheidung zugunsten der stärksten Kraft, und der Mensch, über den entschieden wird, ist dieser Entscheidung wehrlos und darum auch verantwortungslos ausgeliefert. Im zweiten Falle liegt die volle Verantwortung auf dem, der sich zu entscheiden hat. Wissenschaftlich ausgedrückt: Im ersteren Falle würde es sich um eine Ambivalenz handeln, im zweiten Falle um eine Alternative.

Die finale Frage, die hier weiterführt, darf sich nicht auf die beiden Inhalte richten, zwischen denen der Mensch sich angeblich entscheiden soll. Man darf nicht fragen, „wozu würdest du den Apfel stehlen, und wozu würdest du weiter hungern?"; sondern man muß nach dem Sinn der Unentschlossenheit fragen, „wozu dient dir die Ambivalenz, welchen Vorteil hat für dich der Entschluß zur Unentschlossenheit?" Und man wird den Zweck finden. Er läßt sich etwa in die Worte fassen: „Um weder den Genuß am Apfel noch die Freude über meine Standhaftigkeit zu verlieren, muß ich zwischen beiden Möglichkeiten unentschieden bleiben. Um beides zugleich beanspruchen zu können, verzichte ich weder auf das eine noch auf das andere." Sich entscheiden heißt freiwillig und auf eigene Verantwortung der einen Möglichkeit entsagen. Wer das nicht kann, dient höchstwahrscheinlich einem Leitbild, in dem der Anspruch enthalten ist: „Alles gehört mir, ich will alles haben, ich verzichte auf nichts."

Es handelt sich nicht um zwei gleich starke Ziele A und B, die miteinander im Streit liegen, sondern es handelt sich um einen dritten, aber unbewußt gebliebenen Zweck C, der nur aufrechterhalten werden kann, wenn er verborgen bleibt und wenn an seiner Stelle das Scheingefecht zwischen den Zielen A und B das Bewußtsein des Menschen mit erlogener Dramatik erfüllt.

Wenn das Leitbild eines Menschen etwa heißt: „Ich will nie einen Fehler machen", so ergibt sich daraus ohne weiteres die Leitlinie: „Ich übernehme nie die Verantwortung für einen Schritt, denn der Schritt könnte falsch sein, und dann hätte ich mein Leitbild verfehlt; lieber bleibe ich stehen, bis ein anderer mich vorwärts stößt; wenn dann der Schritt falsch ist, trifft der Vorwurf nicht mich sondern ihn. Mein Leitbild ist gewahrt, und ich habe obendrein einen gewichtigen Anklagepunkt gegen das Leben, das mich, den nachweislich Fehlerlosen, gegen meinen Willen in falscher Richtung vorwärts gestoßen hat."

Das Leben aber läßt sich dieses unbewußte Gaukelspiel nicht gefallen. Es zwingt den Menschen unerbittlich und unentrinnbar, die volle Verantwortung auch für seine Unentschlossenheit zu tragen. Wer angeblich zwischen Ja und Nein, zwischen Licht und Dunkelheit schwankt, ist schon der Versuchung erlegen, er hat sich für mehr als das Nein, nämlich für das Garnicht, und für mehr als die Dunkelheit, nämlich für die Finsternis entschieden, trotzdem er mit gutem Gewissen sagen kann, daß er selbst ganz anderer Meinung sei, und daß er ein gutes Gewissen habe. Auch sein gutes Gewissen ist noch eine Selbsttäuschung im Dienste seines Leitbildes, und es gehören oft viele Jahre bitterster Not dazu, ihm dieses falsche Gewissen aus dem Bewußtsein wegzuätzen.

Daraus ergibt sich die Regel: *Jede Ambivalenz läßt sich als ambivalenter Schein entlarven. Man suche hinter scheinbar miteinander ringenden Zielen den tatsächlich wirksamen, einheitlichen (wenn auch unbewußten) Zweck, und man wird sehen, daß auch noch der ambivalente Schein als Mittel im Dienste des Leitbildes steht.*

§ 9

Die überpersönliche Einheit des Lebens

Oft findet man eine Schicksalslage, in der ein Mensch zwar unbedingt zu wissen meint, was er zu tun habe, während er doch durch die zwingende Rücksicht auf einen anderen Menschen an der Ausführung seines Entschlusses gehindert wird. Es ist die Lage, die man als Dilemma zu bezeichnen pflegt. Ein Entschluß oder ein Schritt, der für einen der Beteiligten richtig sein würde, erscheint gleichwohl als falsch, weil er das Lebensglück oder die Lebensmöglichkeit des anderen Beteiligten zu zerstören droht.

Ein junges Mädchen möchte oder sollte sich einen Beruf suchen, aber sie kann ihre kranke Mutter, die sie seit Jahren pflegt, nicht allein lassen. Ein Mann möchte oder sollte im Dienste seines Lebenswerkes in die Großstadt ziehen, Ämter und Würden auf sich nehmen, oder um die Erde fahren. Seine Frau aber, die an ihr heimatliches Dörfchen gebunden ist und sich ängstlich an ihre Verwandten anschließt, würde in den Spannungen des politischen Kampfes oder in der Hast des internationalen Verkehrs ebenso zugrunde gehen, wie sie zugrunde gehen würde, wenn der Mann sie allein in ihrem Dörfchen zurückließe. – Die Formel des Dilemmas lautet: „Wie man es auch macht, es wird falsch."

Indessen liegt in dieser Auffassung, so verständlich und so allgemein menschlich sie auch sein mag, immer und unleugbar ein schweres Mißtrauen gegen die Weltordnung. Und dieses Mißtrauen ist ein lebenswidriger Zustand, für den die beiden Beteiligten die Folgen in ihrer vollen Furchtbarkeit tragen müssen, genau wie für jedes andere lebenswidrige Verhalten. Auch hier handelt es sich um einen Entschluß zur Unentschlossenheit, um ein Stehenbleiben aus Furcht vor einem fehlerhaften Schritt. Aus Scheu vor der Verantwortung überliefert man sich der Verantwortungslosigkeit, der Unlebendigkeit und dem geistigen Tode. Die Folge aber ist, daß man ausfällt aus dem Leben, wie ein Niederschlag aus einer chemischen Lösung ausfällt, und daß man als tote und unbrauchbare Schlacke liegenbleibt, bis das Leben sich doch wieder erbarmt und durch Krankheit und Not die Scheu vor der Verantwortung zunichte macht, so daß der Niederschlag ganz gegen seinen Willen und unter jämmerlichen Qualen noch einmal in Lösung gehen und sich der unberechenbaren Zweckhaftigkeit des Lebens anheimgeben muß. Wenn dies dem Gesunden nicht mehr widerfährt, widerfährt es dem Kranken oder dem Sterbenden. Erspart bleibt es ihm nicht.

Was aber soll derjenige tun, der zu wissen meint, was für ihn das Richtige sein würde, und der daran leidet, daß er es nicht tun kann, weil es für seinen Partner zu belastend wäre? – Er frage sich immer wieder, ob er nicht im Grunde nur Angst vor seinem eigenen Wege hat, ob er nicht das Leiden des Stehenbleibens lieber auf sich nimmt als die Verantwortung des Vorwärtsgehens? Wenn er nämlich in der Lage verharrt, in der er sich befindet, so fällt die Verantwortung für alles Ungemach auf den, um dessentwillen er angeblich seinem eigenen Wege entsagt. Wäre es nicht besser, diese Last dem anderen abzunehmen? Ist es nicht Mangel an Mut, vor einem solchen Schritt zurückzuscheuen? Ja, mehr noch, heißt es nicht, den anderen um seinen Schicksalsweg zu betrügen, genau wie man sich selbst um seinen Weg betrügt? Warum gönnt man der Mutter nicht den Reifungsprozeß, in den das Leben jede Mutter hineinführt, wenn sie ihr Kind im eigentlichen Sinne des Wortes „in die Welt setzen“ muß? Warum raubt man ihr die Gelegenheit, nun endlich einmal das Lieben zu lernen? (Denn bisher konnte sie noch nicht lieben, weil sie sonst längst ihr Kind auf seinen richtigen Weg geschickt hätte.) Welches Recht hat die Tochter, hier die Entwicklung ihrer Mutter aufzuhalten? Ist es Kindesliebe, wenn man seinen Eltern die Krisis zu ersparen sucht, in die das Leben sie hineinführen will? Ist es Gehorsam, wenn man die lebenswidrigen Wünsche seiner Eltern erfüllt? Würde man seine Mutter töten, wenn die Mutter es befehlen würde? Man tötet sie aber tatsächlich, man stiehlt ihr das Leben, die Entwicklung, indem man ihr die Krisis zu ersparen sucht. Man macht sich selbst zur Gottheit, indem man dem Leben falsche Gesetze vorschreibt – um dann an diesen Gesetzen selber zu leiden.

Die Tochter wird einwenden, daß es ihr unverantwortlich scheine, die kranke Mutter allein und ohne ihre (der Tochter) Hilfe jener Entwicklungskrisis auszuliefern; und daß sie lieber alles Leiden eines verfehlten Lebens auf sich nehme, als daß sie die Mutter in jenes Leiden hineinstoßen wollte. Die Antwort aber muß lauten: „Bist du allwissend, daß du voraussehen kannst, wie die innere Entwicklung deiner Mutter sich gestalten wird? Woher weißt du, ob, wie sehr und wie lange sie nach deiner Abreise leiden wird? Warum kannst du es nicht so einrichten, daß durch dein Fortgehen für die Mutter ein neues Leben beginnt? Würde es deiner Eitelkeit zu wehe tun, wenn sich herausstellte, daß du durch deine Gegenwart die Mutter in der Unlebendigkeit festhältst, und daß du nur durch die Trennung von ihr sie fördern kannst? Warum kommt dir nicht in den Sinn, welche Einrichtung man treffen, welche Menschen man rufen, welchen Ausweg man wählen muß, um den scheinbaren Verlust in einen wirklichen Gewinn zu verwandeln? Warum ist dein

Geist unfruchtbar, sobald es nötig wird, Schritte nach vorwärts zu machen?"

Es handelt sich letzten Endes in all diesen Fällen um eine innere Unfruchtbarkeit oder, was dasselbe ist, um eine tiefe Unlebendigkeit in beiden Beteiligten. Und es ist einerlei, wer von ihnen beiden zuerst begreift, daß das Dilemma nur gelöst werden kann, wenn einer von beiden die Verantwortung für einen Schritt nach vorwärts auf sich nimmt. Es ist auch einerlei, wer diesen Schritt tut, nur getan werden muß er. Sonst bedeutet die Verewigung des Dilemmas den geistigen Ruin für beide.

So gestaltet sich die Aufgabe, solange der eine Beteiligte den einzig möglichen Weg in einer Trennung vom andern sieht. Anders aber wird es, wenn er entdeckt, daß auch das Dableiben für ihn einen Weg zum Leben bedeutet.

Sowohl jener Mann, der in die Welt hinaus zu müssen glaubt, wie auch jene Tochter, die angeblich einen Beruf haben muß, könnte entdecken, daß ihre Lebensaufgabe im Bleiben besteht. Lebensaufgabe heißt, äußerlich auf vieles verzichten, um innerlich alles zu gewinnen. Alle Schmerzen der Entsagung, alle Trauer um verlorene Möglichkeiten dürfen nur als Mittel für die Erweiterung des eigenen Gesichtskreises und für die Vertiefung der eigenen Lebenserfahrung dienen. Solange sich noch ein Stück Resignation oder die Spur von einem Vorwurf gegen das Schicksal oder gar gegen den Partner bemerkbar macht, ist die Lebensaufgabe noch nicht gelöst, und solange bedeutet man für den Partner noch nicht das, was man für ihn bedeuten sollte, nämlich eine innere Entwicklungsmöglichkeit.

Hier wird immer wieder, und zwar von den ernstesten und willigsten Menschen eingewandt, daß eine gänzliche Auflösung aller Bitterkeit und aller Resignation nicht mehr im Rahmen des Menschenmöglichen liegt. Dann aber muß die Antwort lauten: „Woher weißt du, daß die menschliche Natur hier Grenzen hat? Sind das nicht Naturgesetze, die du dir selber aufstellst, um durch sie geschützt zu sein gegen die Aufgaben deiner eigenen Weiterentwicklung? Warum willst du dich deiner Entwicklung entziehen? Ist es dir nicht vielleicht doch bequemer, die Märtyrerkrone des schmerzlich Entsagenden (wenn auch nur in aller Heimlichkeit) auf deinem Haupte zu fühlen, als schlicht und einfach auf jede Dramatik zu verzichten und das Leben so zu gestalten, daß alles Leiden (und freilich auch alles Tragische) daraus verschwindet? Willst du nicht doch lieber die Aufgabe, die das Leben dir stellt, als zu schwer bezeichnen und die Verantwortung für ihre mangelhafte Lösung von dir selber weg und dem Lenker des Lebens zuschieben? Willst du nicht doch lieber einen Triumph über jenen Lenker davontragen, indem du ihm durch dein mißratenes

Leben beweist, daß er dich an eine falsche Stelle gestellt und somit sich selbst als einen schlechten Pädagogen erwiesen habe? Willst du dir nicht doch das letzte Urteil über die Dinge des Lebens anmaßen? — Wenn nicht, so löse deine Aufgabe, bleib, wo du bist, ohne jede Resignation, oder gehe, wohin du nach deiner Meinung gehörst, ohne alles Lamentieren, und auf jeden Fall übernimm die volle Verantwortung für alle Mißlichkeiten, die im Umkreis deines Lebens noch bestehen bleiben."

In allen derartigen Situationen steht der Mensch vor der Frage, ob sein Glaube an die Weltordnung, sein Vertrauen auf Gott tatsächlich vorhanden ist, oder ob er diese Dinge als schönen Schein oder als theoretische Formel benutzt, um sich und andere damit zu täuschen. Glaubt er wirklich, so kann er nicht der Meinung sein, daß es eine Notlage ohne Sinn und Ausweg geben könnte. Er wird im Gegenteil durchaus davon überzeugt sein, daß der Ausweg sich öffnet, sobald er, der Mensch, seinerseits tut, was die Sachlage von ihm verlangt. Sie verlangt aber von ihm eine Entscheidung. Er muß sich entscheiden, seinen Partner zu verlassen, und muß sich der schweren Aufgabe unterziehen, den entstehenden Zustand nicht nur für sich, sondern auch für seinen Partner fruchtbar werden zu lassen. Oder aber er muß sich entscheiden, beim Partner auszuharren und alsdann die schwere Aufgabe zu lösen, auch diesen Zustand für beide Teile fruchtbar zu machen.

Wer den Mut zu einem solchen Entschluß nicht aufbringt, traut dem Leben, das in ihm selbst und auch in seinem Partner wirksam ist, nicht zu, daß es schöpferische Kraft genug besitzt, neue Wege zu eröffnen. Er sagt zwar: „Ich traue es *mir* nicht zu" und hält sich dabei für bescheiden. Wenn er ehrlich wäre, müßte er aber sagen: „Ich traue es Gott nicht zu." Er müßte seinen Unglauben bekennen.

Hier zeigt sich, daß Glauben, Mut, Entschlossenheit und Verantwortungsfreudigkeit das gleiche sind wie das Vertrauen auf die Weltordnung, das sich etwa in die Worte fassen läßt: Ein Schritt, der für den einen von zwei Beteiligten richtig wäre, muß auch für den anderen richtig sein, denn sonst widerspräche die Weltordnung sich selbst; wenn aber noch nicht zu sehen ist, wieso dieser Schritt sich für den anderen als richtig erweisen kann, so liegt das an der Blindheit des Betrachters; und er ist blind, weil er nicht an die schöpferischen Möglichkeiten glaubt, die in der Weltordnung enthalten sind.

Die Regel lautet: *Nicht klagen über das Dilemma, sondern handeln, auch auf die Gefahr hin, daß man Fehler macht oder daß Krisen entstehen. Falsche Schritte sind besser als gar keine. Das Leben aber ist so eingerichtet, daß ein Schritt, der für den einen richtig ist, für seinen Nächsten nicht falsch sein kann.*

ZWEITER TEIL: ERZIEHUNG

Viertes Kapitel

Kinderstube

§ 10

Vertrauensbruch

Eine Mutter füttert ihr Kind, das ungefähr zehn oder elf Monate alt ist. Es hat sich längst gewöhnt, Brei und Gemüse mit dem Löffel zu essen. Heut aber soll es ein neues Gemüse, nämlich Blumenkohl, zum erstenmal bekommen. Aber es zeigt sich, ganz gegen die Erwartung der Mutter, daß es den Blumenkohl nicht mag. Es versucht ihn wieder auszuspucken, und nach dem es ihn auf freundliches Zureden hinuntergeschluckt hat, preßt es die Lippen zusammen und hindert so die weitere Fütterung.

Die Mutter versucht es zunächst mit scherzhaften Ermahnungen, dann sucht sie das Kind abzulenken und es auf diese Weise zu überlisten, aber auch das mißlingt; und schließlich bleibt ihr nichts übrig, als streng zu werden. Sie sieht das Kind ernst und unerbittlich an, aber das Kind bleibt fest. – Was soll weiter geschehen?

Es gibt zwei Möglichkeiten. Die Mutter kann nachgeben, dann fürchtet sie aber mit Recht, daß ähnliche Szenen sich wiederholen werden, und daß sie doch eines Tages gezwungen sein wird, ihre Autorität geltend zu machen. Oder aber sie kann die Autorität sofort in Wirksamkeit treten lassen. Sie kann das Kind an seiner empfindlichsten Stelle treffen: sie kann ihm ihre Liebe entziehen oder doch so tun, als ob sie sie ihm entzöge. Und sie kann, wenn auch dieser Schritt erfolglos bleibt, zur rohen Gewalt übergehen und das Kind zwangsweise füttern, indem sie ihm die Nase zuhält und es dadurch veranlaßt, den Mund zu öffnen. Psychologisch das gleiche würde es bedeuten, wenn sie das Kind hungern ließe, bis es von sich aus bereit wäre, den Blumenkohl zu essen. In den drei letztgenannten Möglichkeiten liegt das Ausschlaggebende immer im Entzug der mütterlichen Liebe und das heißt (vom Kind aus gesehen) im Bruch des natürlichen Treueverhältnisses zwischen Mutter und Kind. – Denn das Kind erlebt dabei nicht die gute Absicht, also die letzten Endes doch bewahrte Treue der Mutter, sondern nur die brutale Vergewaltigung, die Feindseligkeit und den Verrat.

Nehmen wir zunächst an, daß auf diese oder eine ähnliche Weise der Bruch zwischen Mutter und Kind zustande käme, und bedenken wir dabei, daß es sich nicht nur um ein einmaliges Vorkommnis handelt, sondern um eine ständige Wiederholung ähnlicher Maßnahmen, da ja das Temperament und die erzieherische Fähigkeit der Mutter sich ungefähr gleichbleibt, und da der kindliche Charakter sich unter ihrem Einfluß in einheitlicher Richtung entwickelt. So erhebt sich die Frage, wie sich der Bruch zwischen Mutter und Kind in der weiteren Charakterentwicklung des Kindes bemerkbar machen muß. Und es läßt sich mit Hilfe der genauen Beobachtung des Kindes und auch mit Hilfe der späteren Charakteranalyse des Erwachsenen oder des Jugendlichen ganz eindeutig feststellen, in welcher Art und in welcher Tiefe sich hier die Zukunft des Kindes entscheidet.

Das Kind hat, freilich ohne sich zunächst dessen bewußt zu sein, ein überaus wichtiges Erlebnis gehabt. Es hat erlebt, daß die Gemeinschaft zwischen Mutter und Kind und damit die Urvoraussetzung für alles Leben und Gedeihen des Kindes unter gewissen Bedingungen zerbrochen werden kann. Es hat also, wie man sagt, einen „Denkzettel" erhalten, durch den sein gesamtes weiteres Benehmen beeinträchtigt wird. Bei allem, was das Kind in Zukunft erlebt oder tut, wird bewußt oder unbewußt immer die Frage mitschwingen: Was sagt meine Mutter dazu? – Es ist, als ob in einem Volke durch eine überwältigende Gefahr der Bestand der Volksgemeinschaft in Frage gestellt worden ist, so daß alle weiteren Maßnahmen und Entwicklungen nur zugelassen werden, wenn sie die Bedingung erfüllen, daß durch sie jene Gefahr nicht noch einmal hervorgerufen werden kann. Eine unverbrüchliche Sitte oder ein Staatsgrundgesetz ist entstanden, und die freie schöpferische Entwicklung ist durch die tief eingewurzelte Angst vor der so entstandenen Schranke auf lange Zeit hinaus eingeengt. Die Bestimmung, die so im Charakter entstanden ist, bezeichnen wir als eine Leitlinie.

Der Mutter freilich mag es zunächst recht bequem erscheinen, ja es kann ihr sogar schmeicheln, daß das Kind sein Benehmen jetzt von dem Gesichtspunkt aus einrichtet: Was wird meine Mutter dazu sagen? – Sie ahnt noch nicht, daß sie ihr Kind im Nerv seines Lebens, nämlich in seinem Subjektsein aufs Schwerste geschädigt hat. Erst im Laufe der Zeit erweist sich die Einstellung des Kindes als ungünstig. Es fängt an, seine Abhängigkeit von der Mutter im Dienste seiner eigenen Zwecke auszunutzen. Es ist nicht nur artig, um der Mutter Freude zu machen, sondern auch unartig, um ihre Aufmerksamkeit auf sich zu lenken. In beiden Fällen aber handelt es sich mehr ursprünglich und unmittelbar im Dienste der ihm innewohnenden Zweckhaftigkeit, sondern es haben sich schon Sonderzweck und gleichsam Privatinteressen zwischen das Kind und das Leben geschoben. Der Gipfel seiner Zweckpyramide ist nicht mehr die vertrauensvolle, lebendige Entfaltung, sondern dieser Gipfel läßt sich nun schon begrifflich erfassen, er liegt schon in der allzu menschlichen Endlichkeit und heißt etwa: „Du sollst dich mit mir beschäftigen." — Damit ist die erste Andeutung eines Leitbildes in Wirksamkeit getreten.

Wer sich überlegt, wie die pädagogische Situation durch das Auftreten des Leitbildes im Charakter des Kindes verändert wird, der muß sagen: wie auch immer das Leitbild beschaffen sein mag, und wenn es noch so fromm und gut erscheint — es bedeutet trotzdem den kindlichen Sündenfall. Und man mag auch einwenden, daß diese Entwicklung zu einer Zeit beginnt, in der das Kind weder seine Handlungsweise noch auch seine Stellung in der Außenwelt richtig einzuschätzen vermag, und daß man es darum auf keinen Fall verantwortlich machen könnte — das sind Einwände, die sich nur ergeben, wenn man Begriffe wie Schuld und Sünde aus dem Leben des Erwachsenen in das Leben des Kindes hineinträgt — wer sich in das Schicksal des Kindes vertieft, wird gleichwohl sehen, daß schon in diesem frühen Stadium der Entwicklung ein kindlicher Sonderzweck zu wirken beginnt, und er wird finden, daß dieser Sonderzweck sich ausnahmslos als „Ichbewahrung" bezeichnen läßt. Die Ichbewahrung ist gewissermaßen die allgemeine Form, die allen Leitbildern zugrunde liegt, und die sich in jedem einzelnen Menschenschicksal mit einem besonderen Inhalt erfüllt, so daß sie sich zum individuellen Leitbild auswächst.

Was dem Beobachter in die Augen fällt, ist freilich nicht das Leitbild als solches, sondern es sind nur die einzelnen Leitlinien, die es zusammensetzen. Man bemerkt etwa, daß das Kind in seinem Spiel immer wieder zum Erwachsenen aufschaut und sagt: „Sieh, was ich gebaut habe." Oder man findet, daß das Kind immer gerade dann Lärm macht, Fratzen schneidet oder häßliche Ausdrücke gebraucht, wenn Besuch da ist und wenn die Erwachsenen in ein eifriges Gespräch vertieft sind. Das Kind handelt dann, als ob es sagen wollte: „Ihr müßt euch um mich kümmern, ihr müßt mich loben oder tadeln, aber ihr dürft mich nicht unbeachtet beiseite lassen." So sind die einzelnen Verhaltungsweisen des Kindes schon frühzeitig durch Leitlinien bestimmt, die den Eltern oder Erziehern zwar auffallen, und die ihnen viel zu schaffen machen, die aber erst verständlich und beeinflußbar werden, wenn man ihren Treffpunkt und Endzweck begriffen hat. Es kommt also darauf an, das gesamte Leitbild des Kindes möglichst richtig und möglichst frühzeitig zu verstehen. Und mehr noch, es kommt darauf an zu verstehen, daß das Leitbild im Leben des Kindes nur wirksam wird, weil das Kind schon seine Harmlosigkeit verloren hat, und daß es sie verloren hat, weil der Vertrauensbruch zwischen ihm und den Erwachsenen eines Tages aufklaffte und seither wie ein drohendes Gespenst im Hintergrunde lauert.

Die innere Verfassung des Kindes läßt sich für das zweite und dritte Lebensjahr ganz allgemein etwa folgendermaßen darstellen: Man hat gemerkt, daß man ohne die Erwachsenen nicht leben kann. Man muß also auf die Erwachsenen Rücksicht nehmen. Man muß gewisse Dinge unterlassen, damit die Erwachsenen sich nicht abwenden, und man muß gewisse Dinge tun, damit die Erwachsenen sich einem zuwenden. – Aber das unmittelbare, freie und schöpferische Sich-Entfalten ist ein für allemal gestört. Der kindlichen Seele ist der ursprüngliche Schmelz schon verlorengegangen. Sie ist den Zwecken des Weltalls entfremdet und hat in der Selbsterhöhung oder Selbstbewahrung ihren (falschen) Sonderzweck gefunden: sie ist ichhaft geworden. So stark auch die sachliche Bewältigung der Außenwelt (Laufenlernen, Sprechenlernen usw.) scheinbar im Vordergrunde stehen mag, man bemerkt doch in allen diesen Tätigkeiten eine leise, unsachliche Beimischung von Befangenheit oder Geltungsbedürfnis, von Menschenfurcht, Ungeduld, Ängstlichkeit oder Herrschaftsanspruch.

Wer trägt für diesen Vorgang die Verantwortung? Hätte die Mutter dem Kinde dieses Schicksal ersparen können?

Wenn die Mutter weniger ichhaft gewesen wäre, wäre der Bruch zwischen ihr und dem Kinde später und milder zustande gekommen. Das Kind wäre in seinem ursprünglichen Vertrauen weniger erschüttert worden, und es wäre darum weniger stark in die Ichhaftigkeit hineingeraten. Aber völlig vermieden werden konnte dieses Schicksal nicht. Selbst wenn die Mutter ein Engel wäre, könnte sie ihr Kind nicht vor dem Wege durch die böse Welt der ichhaften Menschen bewahren. Irgendein Verwandter, irgendein Dienstmädchen, irgendein Lehrer würde dann dem Kinde das antun, was meist durch die Eltern geschieht. –

Niemand kann heutzutage leben, ohne in die Ichhaftigkeit hineinzugeraten. Niemand kann auf der Erde sein, ohne an der Schuld und an der Aufgabe der Erde mitzutragen. Diese Schuld und diese Aufgabe ist aber die Ichhaftigkeit, die überwunden werden muß.

Ja, man kann annehmen, daß ohne den Weg durch die Ichhaftigkeit die menschliche Gesellschaft zwar in ihrem ursprünglichen unschuldigen und gleichsam paradiesischen Zustand beharren, aber auch niemals zum Bewußtsein ihrer selbst erwachen würde. Der Weg von dieser paradiesischen Gemeinschaft der unbewußten Kinder zur reifen und leistungsfähigen Gemeinschaft der bewußten Erwachsenen scheint nur auf den qualvollen Irrwegen durch die Ichhaftigkeit möglich zu sein, weil der Mensch wahrscheinlich nur als Ich, nur im Gegensatz zu seinesgleichen und nur im Leiden, das daraus entsteht, zum Bewußtsein seiner selbst, zum Bewußtsein der Welt und schließlich zum Bewußtsein Gottes durchdringen kann.

So ergibt sich die Regel: *Man sehe zu, daß die Ichhaftigkeit, in die die Kinder hineingeraten, möglichst wenig Starrheit annimmt. Man erhalte so viel wie irgend möglich von dem ursprünglichen Vertrauen, dem ursprünglichen Mut und der ursprünglichen Zweckhaftigkeit des Kindes. Und man verschone es mit Lob und Tadel und mit der Aufstellung von Sonderzwecken. – Und wenn man es falsch macht, suche man den Fehler nicht im Kinde, sondern in seiner eigenen Ichhaftigkeit.*

§ 11

Auflehnung

Man stelle sich ein dreijähriges Kind vor, das ähnlich wie das eben geschilderte eine ablehnende Haltung annimmt, wenn man ihm eine Unannehmlichkeit zumutet. Es will nicht aufhören zu spielen, wenn es des Abends zu Bett gehen soll. Es will die Spielsachen nicht einpacken, es will nicht Abendbrot essen, es will nicht zu Bett gehen, es will sich nicht waschen lassen, es will nicht im Dunkeln bleiben, es will nicht einschlafen. Sein Verhalten ergibt sich ohne weiteres aus einer sinngemäßen Steigerung des Verhaltens, das wir vorhin bei dem zehn Monate alten Kinde geschildert haben. Wir können also mit Hilfe der bisher festgelegten Begriffe den Tatbestand folgendermaßen beschreiben: Das Kind verhält sich ichhaft. Die in ihm wirksamen Zwecke gehören nicht mehr der unmittelbaren Zweckhaftigkeit des Lebens an, sondern sie sind (natürlich ohne das Wissen des Kindes) in eine Zweckpyramide geordnet, deren Gipfel heißt: „Ich bin mein eigener Herr.“ Das Leitbild dürfte etwa sein: „Jung Siegfried war ein stolzer Knab“, wobei freilich immer wieder betont werden muß, daß unter dem Leitbild nicht eine bewußte Vorstellung und noch weniger ein sogenanntes Ideal verstanden werden darf, sondern nur die unbewußte aber wirksame inhaltliche Bestimmung der Ichhaftigkeit, wie sie sich im Laufe der kindlichen Erfahrungen als wünschenswert vom Standpunkt des Kindes aus ergeben hat.

Das Charakteristische für diesen jungen Siegfried ist, daß sämtliche Leitlinien, wenn man sie in Worte faßt, mit einem „ich will nicht ..." beginnen. Er steht offenbar auf dem Standpunkt, daß er nur durch die Verneinung, nur durch den Widerspruch und den Ungehorsam seine Würde als tonangebender Prinz in der Familie behaupten kann. Und es ist mit Sicherheit anzunehmen, daß das Verhalten der Erwachsenen ihm zu dieser Erfahrung verholfen hat — auch wenn sie durchaus nicht begreifen können, wie sie dazu gekommen sind.

Alle Leitlinien dieses Leitbildes sind negativ. Das Kind ist ein typischer Neinsager, und es teilt das vorhin schon angedeutete Schicksal aller Neinsager, es ist in dem grundsätzlichen Irrtum befangen, daß man durch Verneinungen unabhängig werden könnte, während man auf diese Weise gerade in die schmählichste Abhängigkeit von seinen Mitmenschen gerät. Solange der Neinsager an seinem Prinzip festhält, sieht er sich gezwungen, sein gesamtes Verhalten so einzurichten, daß es im Widerspruch zu den Wünschen seiner Umgebung steht. Er muß also die Wünsche seiner Umgebung kennen und berücksichtigen; und wenn diese Wünsche sich ändern, muß er sein Verhalten ändern. Wenn der Erzieher wünschte, daß das Kind nicht zu Bett ginge, müßte es zu Bett gehen wollen.

Aber die pädagogische Aufgabe heißt nicht etwa: Man bringe das Kind dazu, daß es heute sein Spielzeug wegräumt, daß es heute ißt und heute sich waschen läßt. Das wären Scheinerfolge, die sich durch irgendwelche Tricks leicht erreichen lassen, und die die Gesamtlage nur noch schwieriger machen würden. Und die Aufgabe lautet auch nicht: man bringe das Kind dazu, daß es prinzipiell einpackt, ißt, sich waschen läßt und schlafen geht. Das wäre eine Dressur, die sich durch harte Behandlung erreichen läßt, und die in absehbarer Zeit zu einer Katastrophe führen müßte, nämlich zum völligen Verlust der Lebensfreude, des Mutes, des Vertrauens, der „Begabung" und der Entwicklungsmöglichkeiten.

Die pädagogische Aufgabe lautet vielmehr: Man bringe das Kind aus seiner kämpferischen Gesamthaltung heraus, man stelle den Frieden zwischen ihm und den Erwachsenen wieder her, und man gebe ihm das verlorengegangene Vertrauen zu den Menschen und zur Weltordnung wieder. — Wie aber läßt sich dieses Ziel erreichen?

Auf Grund des bisher Gesagten ist leicht einzusehen, welche naheliegenden Fehler der Erzieher in allen derartigen Fällen vermeiden muß. Er muß fühlen, daß das ablehnende Verhalten des Kindes wie ein hingeworfener Fehdehandschuh dazu dienen soll, einen Wettkampf um die Überlegenheit einzuleiten. Der Erwachsene, der sich auf den Wettkampf einläßt, ist von vornherein der Besiegte, denn er wird seine Erziehungsmittel sehr bald erschöpft haben, und was er erreicht hat, ist entweder gar nichts oder das Gegenteil von dem, was er erreichen wollte. Er wird auf der Leiter der Ermahnungen, Drohungen und Strafen sehr rasch bis ans Ende seiner Kunst gekommen sein, und die Spielsachen werden trotzdem uneingepackt bleiben, oder aber sie werden zwar eingepackt, aber dieser scheinbare Erfolg wird drei Stunden später durch die Angstanfälle oder durch das Bettnässen des Kindes in einen deutlichen Mißerfolg verwandelt. — Gesiegt hat zweifellos das Kind, aber dem Erzieher steht es frei, sich seine Niederlage vor sich selber zu verheimlichen, indem er das Kind für erblich belastet oder für einen unverbesserlichen und typenmäßig festgelegten schlechten Charakter hält.

Wer diesen Zusammenhang durchschaut, kommt leicht in die Gefahr, dem entgegengesetzten Fehler zu verfallen. Um den Kampf mit dem Kinde zu vermeiden, wird er versuchen, seine Friedfertigkeit stark in den Vordergrund zu schieben. Er wird etwa mit gutem Zureden beginnen, dann das Kind durch Ablenkung auf interessantere Dinge zu gewinnen suchen und sich schließlich durch Belohnungen seine Folgsamkeit erkaufen. Aber er muß bald merken, daß dieser Weg der gütlichen Verhandlungen im Grunde nur die Fortsetzung des ursprünglichen Kampfes darstellt. Hier wie so oft im Leben bilden die Friedensverhandlungen nur eine Fortsetzung des Krieges mit veränderten Mitteln. Sieger bleibt auch hier das Kind, das von sich aus in freier, aber ichhafter Entscheidung das Angebot des Gegners annehmen oder verwerfen kann, und dem es unbenommen ist, durch immer neuen Ungehorsam jede beliebige Steigerung der Gehorsamsprämie (etwa von einem Märchen auf zwei Märchen, oder von einem Pfennig auf zehn Pfennig) zu erzwingen. Denn sobald dem Kinde die Prämie zu gering scheint, gerät der Erzieher in Gefahr, in die entgegengesetzte und von ihm selbst verabscheute Haltung des Prügelpädagogen zurückzufallen. Er ist ein willenloser Spielball der zwar unbewußten, aber unfehlbar treffsicheren Diplomatie des Kindes. Und es kann nicht ausbleiben, daß er das Leitbild seines Zöglings, ohne es selbst zu merken, immer ungünstiger gestaltet.

Wie aber wird der Pädagoge handeln, dem es gelingt, diese beiden Fehler zu vermeiden? — Er wird, wenn er ein wirklicher Erzieher ist, von vornherein wissen, daß es keine Regel gibt, die sein Verhalten ein für allemal bestimmt. Er wird sich vielmehr ohne Angst und ohne Zorn, ohne Härte und ohne Weichlichkeit, sondern in völlig ruhiger Sachlichkeit der dialektischen Wechselwirkung zwischen ihm und dem Kinde aussetzen. Und er wird wissen, was er zu tun hat, und zwar wird sein Verhalten um so sicherer, um so produktiver und um so erfolgreicher sein, je mehr Mut, Vertrauen und Gelassenheit er besitzt.

Da aber in jedem Falle, auch wenn er scheinbar die gleiche Lage vorfindet, seine Haltung neu und anders als das vorige Mal sein wird (denn das eben bedeutet die schöpferische Zweckhaftigkeit des Lebens), wird es bestenfalls möglich sein, als Beispiel oder Illustration für das hier Gemeinte einen einmaligen Einzelfall zu schildern:

Eine Mutter wird durch das Geschrei ihrer Kinder veranlaßt, von ihrer Arbeit aufzustehen und sich ins Kinderzimmer zu begeben. Sie trifft dort das Dienstmädchen bei der Bemühung an, den siebenjährigen Jungen zu waschen, der sich mit Händen und Füßen sträubt, während der Vierjährige laut brüllend danebensteht. Sie achtet zunächst gar nicht auf den Lärm, sondern fragt das Mädchen, was sie für den nächsten Tag zu Mittag besorgt hat. Das Mädchen läßt den Älteren los und antwortet. Da der Jüngere weiterschreit, sagt die Mutter: „Nur halb so laut, sonst versteht man nicht, was die Anna gekauft hat." Darauf der Vierjährige noch immer weinend: „Mohrrüben hat sie gekauft!" Und die Mutter zum Siebenjährigen: „Hast du sie gesehen, waren es genug für uns alle?" – Aber der läßt sich nicht überlisten, sondern erklärt grollend: „Ich lasse mich trotzdem nicht waschen!" Aber die Mutter sagt verwundert: „Wozu auch? Wasch dich doch selber." – Das Dienstmädchen erklärt: „Er tut es doch nicht allein, und wenn er wirklich anfängt, wird er nie fertig, man kann dabeistehen bis Mitternacht." (Hier zeigt sich, daß der Machtkampf zwischen dem Mädchen und dem ältesten Kind im Gange ist.) Darauf fragt ihn die Mutter: „Willst du schmutzig ins Bett gehen, nur um die Anna zu ärgern? Mir scheint, das muß man anders machen. Denn wer weiß, ob sie sich über deinen Schmutz ärgert." – Darauf der Junge: „Natürlich ärgert sie sich!" – Die Mutter: „Wie kommt es denn, daß sie sich ärgert, wenn du schmutzig bist?" – „Nein, sie ärgert sich nicht über den Schmutz, sondern weil ich ihr nicht gehorche. Sie will nämlich immer kommandieren." – „Sie will vielleicht General sein, so wie du." – Darauf der Junge schon lachend: „Aber höchstens von der Heilsarmee, weil sie ein Mädchen ist." – Alle lachen. Die Stimmung ist gerettet. Darauf die Mutter:

„Wenn jemand schmutzig ist und sich wäscht — für wen tut er es, für sich selbst, oder für andere?“ — „Für dich!“ — „Nein, danke, mir ist es einerlei, es ist dein Dreck, nicht meiner.“ — Der Junge fängt an, sich auf eine groteske Art abzuseifen und sagt dabei: „So machen es die Generäle von der Heilsarmee.“ —

Das ist die kleine Rache, ohne die seine Ichhaftigkeit das Nachgeben nicht zulassen konnte. Aber es wäre falsch, ihm das Rückzugsgefecht zu erschweren, ebenso wie es falsch gewesen wäre, wenn die Mutter oder das Mädchen etwa gesagt hätte: „So, jetzt ist es schön, jetzt haben wir einen artigen Jungen.“ — Das wäre gewissermaßen die Kriegserklärung für den nächsten Krieg gewesen, da das Kind die Überlegenheit der Erwachsenen, die in einer solchen Wendung zum Ausdruck kommt, unmöglich ungestraft hingehen lassen könnte.

Ein Einwand läßt sich allerdings auch gegen dieses Verhalten der Mutter erheben. Ihre Behauptung, daß es ihr einerlei sei, ob der Junge schmutzig ins Bett geht oder nicht, entspricht wahrscheinlich nicht ganz der Wahrheit. Sie wäre wohl auch ohne diese Übertreibung zum Ziele gekommen, und sie wird versuchen müssen, wenn dieser Fehler später einmal üble Folgen haben sollte, ihn durch um so größere Sachlichkeit wieder auszugleichen.

Das Wenige, was sich über die Lösung derartiger pädagogischer Aufgaben in Worte fassen läßt, würde etwa lauten: *Man fürchte nichts für seine Autorität und ringe nicht um die eigene Überlegenheit. Man fürchte auch nicht um die Vereinsamung des Kindes und buhle nicht um seine Freundschaft. Man bleibe sachlich, übe freundliche Kritik, stelle den inneren und den äußeren Tatbestand klar (durch Worte bei größeren Kindern, durch einfache Taten bei kleineren), so daß die Sinnlosigkeit des Machtkampfes in seiner ganzen Lächerlichkeit zum Vorschein kommt. Man erspare dem Kind nichts und lasse es seinen eigenen Rückweg zur sachlichen Verhaltungsweise selber finden. — Und wenn man sein Ziel nicht erreicht, suche man den Fehler nicht beim Kinde, sondern in seiner eigenen Ichhaftigkeit.*

§ 12

Gefügigkeit

Da der Trotz und die Widerspenstigkeit der Kinder für die Eltern und Lehrer eine recht schwierige pädagogische Aufgabe darstellt, hört man häufig, daß die kindliche Gefügigkeit und Gutwilligkeit außerordentlich gerühmt wird. Eltern und Lehrer sind glücklich, daß der Zögling ihnen keine Schwierigkeiten bereitet. Sie gelangen auf scheinbar recht einfachen Wegen zu scheinbar recht guten Erfolgen und sind ebenso stolz auf ihre eigenen Erziehungskünste wie auf die guten Eigenschaften des Kindes. In Wirklichkeit sind aber weder die guten Eigenschaften noch die Erziehungskünste noch die Erfolge vorhanden. Einige Jahre später erweist sich der Zögling als lebensunfähig, und die Erzieher sind aufs tiefste enttäuscht oder gar entrüstet, weil er „nicht gehalten hat, was er versprach".

Wer psychologisch zu sehen gelernt hat, kann in solchen Fällen schon längst, ehe der Mißerfolg hervortritt, mit Sicherheit sagen, auf welche Weise und aus welchen Gründen das betreffende Kind in den Zusammenbruch hineintreibt. Aber das sogenannte Musterkind bietet der Erziehung eine viel schwerere Aufgabe dar als der Trotzkopf, eben weil die Gefahr, in der es schwebt, zunächst nur dem psychologisch geschulten Blick erkennbar wird.

Die Gefügigkeit ist ausnahmslos ein Zeichen großer Entmutigung. Das wirklich mutige Kind ist ebensowenig gefügig wie es trotzig ist. Es tut, was es für recht hält, nicht weil der Erzieher es befiehlt, sondern eben weil es recht ist. Die Erwachsenen können dabei als Ratgeber wirken, denen das mutige und darum selbständige Kind volles Vertrauen schenkt, denen es aber nicht etwa gehorcht aus Scheu vor der eigenen Verantwortlichkeit, sondern deren Rat es befolgt, weil dieser Rat sich immer wieder als sachlich richtig erweist. Man versteht aus diesem Zusammenhang, daß das mutige Kind nur dort zu finden sein kann, wo es sachliche, mutige und verantwortungsbereite Erwachsene gibt, und daß das gefügige, mutlose und verantwortungsscheue Kind immer dort anzutreffen sein wird, wo die Erwachsenen viel reden, viel warnen, viel Vorschriften machen und großen Wert auf ihre eigene Überlegenheit legen – kurz, wo die Erwachsenen selber nicht wagen, Subjekt und Objekt zugleich zu sein.

Die Mutter kann entweder durch Nachgiebigkeit oder durch Strenge das Kind aus einem verantwortlichen Träger seines eigenen Schicksals in einen gefügigen Drückeberger verwandeln. Im ersteren Falle macht sie dem Kinde das Subjektsein zu leicht und erspart ihm das Objektsein. Sie erkundet die Wünsche des Kindes und erfüllt sie, noch ehe sie ausgesprochen werden. Sie spielt mit ihm, was es spielen möchte, und kocht ihm, was es gern ißt. Sie macht sich gleichsam zum Objekt des Kindes – angeblich, um dem zarten kleinen Wesen die schmerzlichen Zusammenstöße mit der bösen Außenwelt zu ersparen, in Wirklichkeit aber, um die Anhänglichkeit und die „Liebe" des Kindes restlos auf sich zu ziehen. Der Erfolg muß sein, daß das Kind viel zu lange und viel zu stark auf die Mutter angewiesen bleibt, weil es nicht lernt, selbst die Verantwortung für seine eigenen Taten zu tragen. Es gelangt schließlich zu einem seltsamen Gemisch von Gehoram und Tyrannei, indem es nämlich einen Weg findet, durch seine Gefügigkeit die Mutter, der es gefügig ist, seinen eigenen Wünschen dienstbar zu machen.

Im entgegengesetzten Falle erreicht der Erzieher die Gefügigkeit des Kindes durch unerbittliche Strenge. Er gewöhnt es an das Gehorchen auch da, wo der Befehl den Interessen des Kindes widerspricht, und er verschmäht es, dem Kinde sachliche Aufklärungen über die Gründe seiner Befehle zu geben. Der Erfolg ist selbstverständlich der, daß das Kind alle Verantwortung dem Befehlenden zuschiebt, daß es sich also zum Objekt des Erziehers macht und seine eigene Subjektität darauf beschränkt, gelegentlich und heimlich die erlassenen Gebote zu übertreten. So entstehen diejenigen Charaktere, die sich durch einen völligen Mangel an Initiative, durch Freudlosigkeit und meist auch durch Heimlichtuerei auszeichnen.

Beide Arten von Kindern, sowohl die Verzärtelten, die nur Subjekt sein möchten, wie auch die Verschüchterten, die nur Objekt sein möchten, pflegen in der Schule gute Leistungen zustande zu bringen. Und sie sind noch durch ein anderes gemeinsames Merkmal gekennzeichnet: Sie geraten schon durch kleine Mißerfolge außer Fassung. Sie verlieren den Mut und die Lust an der Weiterarbeit und gehen bei einer solchen Gelegenheit oft genug in den Typus des apathischen Kindes über, von dem alsbald noch die Rede sein soll.

Die Charakterform, die das Kind im Elternhause angenommen hat, erweist sich meist schon in der Schule als ziemlich unpraktisch, selbst wenn es dem Kinde gelingt, lange Zeit hindurch den Ruf eines Musterschülers zu wahren. Mit Sicherheit aber muß der Zusammenbruch erfolgen, wenn der Übergang aus der Schule ins Leben von dem jungen Menschen plötzlich eine weit größere Anpassungsfähigkeit verlangt. Dann zeigt sich, daß es nicht möglich ist, auf die Dauer nur Subjekt oder nur Objekt zu sein, sondern daß man eigene Entschlüsse auf eigene Verantwortung fassen muß – und das eben hat das gefügige Kind nie gelernt.

Es fragt sich nun, wie man sich dem gefügigen Kinde gegenüber zu verhalten hat, um es aus der Gefügigkeit hinaus und in die Verantwortlichkeit hinein zu manövrieren. Aber auch die Lösung dieser Aufgabe läßt sich nicht allgemein darstellen, sondern kann nur beispielsweise an einem Einzelfall geschildert werden.

Ein fünfjähriges Mädchen namens Gerda kommt für acht Wochen in ein Kinderheim, weil die Eltern eine größere Reise unternehmen müssen. Die Heimleiterin wird von der überaus ängstlichen Mutter beauftragt, jeden Schritt des Kindes zu überwachen und jede Minute seiner Zeit durch irgendwelche Maßnahmen auszufüllen, „damit Kindchen sich nicht langweilt".

Aber schon am ersten Tage, nachdem die Mutter abgereist ist, sitzt das Kind an seinem Tisch, während seine Altersgenossen sich die Spielsachen holen, die an den Wänden herum aufgestellt sind. Niemand kümmert sich um die kleine Gerda, weil es offensichtlich ist, daß sie sich ebensogut wie jedes andere Kind eine Beschäftigung suchen könnte, und überdies hat man ihr noch gesagt, sie dürfe sich aussuchen, womit sie spielen wolle.

Das Spielzeug ist so eingerichtet, daß es gewissermaßen von sich aus die Kinder ruft, daß es Aufgaben stellt, die kein Erwachsener zu erklären braucht, und das daher das Eingreifen des Erziehers überflüssig macht. (Derartiges Spielzeug findet sich am besten in den Montessori-Kinderhäusern, im Gegensatz zu Fröbelschem Spielzeug, das den Kindern viel weniger Selbständigkeit läßt.)

Aber Gerda rührt sich nicht, weil sie es nicht gelernrt hat. Denn sie hat nur gelernt zu tun, was man ihr ausdrücklich aufträgt. Nach einer Stunde sitzt sie noch immer tatenlos da. Nach zwei Stunden fängt sie leise an zu weinen. Und als dann die Kinder zum Frühstückessen in ein anderes Zimmer laufen, fängt sie laut an zu schreien. Die Leiterin ruft, daß auch sie zum Frühstück kommen soll, aber sie bleibt sitzen und schreit weiter. – Sie ist aus der passiven in die aktive Haltung übergegangen, aus der heimlichen Subjektlosigkeit in die offene Subjektität. Und die Leiterin kann mit dieser Entwicklung zufrieden sein.

Aber es kommt nun alles darauf an, sich durch die Klagen des Kindes nicht rühren und durch seine kämpferische Haltung nicht reizen zu lassen. Man muß freundlich, gleichmäßig, liebevoll und unerbittlich bleiben. Man kann ihr das eine oder das andere Spielzeug zeigen, aber man darf sich auf keinen Fall dazu verleiten lassen, sie zum Spielen aufzufordern, denn sonst würde man ihr wieder die Verantwortung abnehmen und sie von neuem zum Objekt der Erziehung machen.

Auch die Hausordnung, die ihr doch mitgeteilt werden muß, darf unter keinen Umständen in Gestalt von Befehlen an sie herangebracht werden. Man darf nicht sagen: „Komm jetzt zum Essen!" Sondern man muß sagen: „Jetzt wird gegessen." Und nicht: „Nach dem Essen mußt du dich still hinlegen und ganz leise sein." Sondern: „Nach dem Essen ist Ruhepause, da sind wir alle still."

Durch diese unpersönliche Mitteilung unpersönlicher, aber unverbrüchlicher Gesetze wird dem Kind die Gelegenheit zum Gehorchen und auch zum Stören fast ganz entzogen. Es kann nicht mehr wie bisher Anspruch auf Lob erheben, wenn es artig ist, und nicht mehr Anspruch auf Tadel, wenn es unartig ist, sondern daß die Hausordnung innegehalten wird, ist ebenso selbstverständlich, wie es selbstverständlich ist, daß man nichts zu essen bekommt, wenn man die Tischzeit versäumt.

Darum macht das Kind die seltsame Entdeckung, daß es selber unwichtig ist, daß niemand sich über sein Artigsein oder Unartigsein aufregt, und daß die Folgen davon niemand anders trägt als man selber. – Es lernt allmählich, daß es verantwortliches Subjekt ist, ob es will oder nicht.

Die Regel, die sich aus diesen Überlegungen ergibt, lautet: *Man erlaube dem Kind nie, sich seiner eigenen Verantwortlichkeit und damit dem Tragen der Folgen für seine Taten zu entziehen. Man nehme ihm darum nicht die Entscheidungen ab, die es selber zu treffen imstande ist. Man lasse es auf eigene Faust seine Spiele auswählen, Forschungen anstellen und Erfahrungen machen. Man hüte sich ebensosehr, es zu verzärteln, wie es zu verschüchtern, weil es sonst zu gefügig wird. Wenn man aber ein gefügiges Kind vorfindet, versuche man es mit unbeirrbarer Geduld und Unerbittlichkeit und Freundlichkeit dahin zu bringen, daß es wieder von sich aus zu eigenen Taten kommt. Man stelle es vor Aufgaben, die nicht durch die Menschen, sondern durch die Dinge zu Aufgaben werden. – Und wenn es nicht gelingt, das Kind zur Verantwortung zu bringen, suche man den Fehler nicht im Kinde, sondern in seiner eigenen Ichhaftigkeit.*

Fünftes Kapitel

Schule

§ 13

Denkhemmung

Bei den Lehrern und Eltern und darum auch bei den Schülern herrscht ganz allgemein die Ansicht, daß Begabtheit oder Unbegabtheit ein Schicksal sei, mit dem man sich abzufinden habe. Sobald es sich herausgestellt hat, daß jemand für ein bestimmtes Schulfach oder gar für alle Fächer unbegabt ist, meint man, daß das ganze spätere Leben durch diese Tatsache beeinflußt werden müßte. Wer für das Rechnen unbegabt ist, kann nicht Bankbeamter werden.

Aber die Erfahrung zeigt immer wieder, daß in sehr vielen Fällen eine solche Unbegabtheit plötzlich verschwindet, wenn das Kind in die Hände eines anderen Lehrers übergeht. Allgemein bekannt ist die Tatsache, daß der Backfisch immer für dasjenige Fach Interesse und Begabung an den Tag legt, das durch den hübschesten jungen Lehrer repräsentiert wird. Weniger bekannt und doch ebenso sicher ist es, daß eine ausgesprochene Unbegabtheit sich meist nur da herausstellt, wo sich eine ausgesprochen unfreundliche Spannung zwischen Kind und Lehrer entwickelt. Der Lehrer wird zwar behaupten, daß der Mangel an Begabung das erste und der Konflikt mit dem Kinde das zweite sei, das sich aus dem ersten entwickelt habe. Wer aber genau zusieht, findet ausnahmslos den umgekehrten Verlauf; wobei zugunsten des Lehrers freilich bedacht werden muß, daß die Kinder meist schon im Sinne der Verzärtelung, Verschüchterung oder Überheblichkeit verdorben sind, ehe sie zu ihm kommen.

Der Zustand, der in dem Urteil „begabt“ oder „unbegabt“ gemeint ist, hat immer schon eine lange Vorgeschichte. Wenn wir uns aber darüber klar werden wollen, welche Prinzipien sich in dieser Vorgeschichte auswirken, so stellen wir uns am besten die ganze, lang ausgedehnte Entwicklung konzentriert in einem einmaligen Ereignis vor. Und dieses Ereignis würde dann etwa folgendermaßen aussehen:

Ein sechsjähriges Kind, das von der Mutter her ein klein wenig verzärtelt ist, wird von einem anderen Erwachsenen (einerlei, ob Vater, Onkel oder Lehrer) vor eine Rechenaufgabe gestellt. Es soll drei Bleisoldaten unter zwei Kinder verteilen. Es gibt den einen Soldaten dem einen Kinde und den zweiten dem anderen. Den dritten, der übrigbleibt, behält es zunächst ratlos in der Hand. – Nun hängt alles davon ab, wie der Erwachsene sich seinerseits verhält. Hat er auch nur die geringste Neigung, sich über seine Mitmenschen zu erheben, und wäre es auch nur durch einen noch so leisen Anflug von Spott, so wird das Kind in seiner Miene lesen, daß er sich selbst als den Überlegenen betrachtet. Es wird dann seine eigene Ratlosigkeit als Niederlage erleben, und da es gegen Niederlagen genau in dem Maße empfindlich ist, in dem es vorher schon verzärtelt oder verschüchtert wurde, so wird es nicht mehr den Mut aufbringen, sich weiterhin für seine Leistung verantwortlich zu fühlen. Es wird sich innerlich von der Rechenaufgabe abwenden und alles weitere dem Erwachsenen überlassen. Die äußere Formel für diesen Rückzug des Kindes lautet meist: „Ich kann nicht“, oder „es geht nicht“, oder „das haben wir noch nicht gelernt“. –

Der innere Vorgang, der sich in diesem Augenblick vollzieht, ist eine Entmutigung, eine Verringerung der kindlichen Lebendigkeit, eine Einschränkung der produktiven Möglichkeiten. Am besten aber läßt sich diese Entmutigung beschreiben als das Auftreten einer neuen Leitlinie. Und in unserem Falle würde die Leitlinie heißen: „Ich kann nicht rechnen." – In Zukunft wird das Kind allen Rechenaufgaben mutlos, lustlos und mit einem deutlichen Mangel an Selbstvertrauen gegenübertreten: Es wird sich im Rechnen als unbegabt erweisen.

Gelingt es dagegen dem Erwachsenen, das Kind nicht zu entmutigen (und vorausgesetzt, daß es vorher noch nicht durch andere entmutigt worden ist), so findet das Kind aus seiner ursprünglichen Produktivität heraus eine Lösung seines rechnerischen Problems. Und zwar ist die Art der Lösung überaus charakteristisch für die Richtung, in der die Produktivität des Kindes sich entfalten möchte. Das eine Kind sagt etwa: „Den dritten Bleisoldaten müssen wir verkaufen und das Geld teilen." Ein anderes kommt zu einem salomonischen Urteil: „Man muß die Bleisoldaten mitten durchbrechen." Ein drittes schlägt vor: „Eine Woche lang soll ihn der eine haben, und die nächste Woche der andere." Die Fülle der Auswege ist unendlich. Endlich, eng, begrenzt und unlebendig wird das Denken des Kindes nur unter dem Einfluß der Entmutigung durch den Ewachsenen.

Bei den meisten Schulkindern ist diese Mutlosigkeit auf Grund zahlloser schlechter Erfahrungen schon so sehr zur Gewohnheit geworden, daß sie vor allem, was „Aufgabe" heißt, eine unproduktive Haltung annehmen, während sie vor allem, was „Spiel" heißt, produktiv bleiben. Das Kind wird also die Aufgabe der Teilung jener drei Soldaten für unlösbar erklären, wenn der Lehrer sie stellt, und dasselbe Kind wird die Aufgabe mühelos lösen, wenn es ihr im Laufe des Spieles begegnet. Der Lehrer, der gezwungen ist (oder gezwungen zu sein glaubt), den Kindern Aufgaben zu stellen, wird von ihrer Unbegabtheit überzeugt sein, und der stille Beobachter, der die Kinder spielen sieht, wird sie für überaus begabt halten. Auf die Dauer aber zeigt sich meist, daß der Lehrer recht behält; aber nicht weil die Kinder tatsächlich unbegabt sind, sondern weil es den Erwachsenen im Laufe der Jahre gelingt, die Kinder so weit zu verschüchtern, daß von ihrer ursprünglichen Produktivität nichts mehr übrigbleibt.

In krassen Fällen drückt sich der Mangel an Selbstvertrauen beim Kinde darin aus, daß es nicht zu antworten vermag, wenn es gefragt wird, trotzdem es vorher und nachher die Antwort recht gut weiß. Es fürchtet, ohne sich dieser Furcht bewußt zu sein, die Niederlage vor der Klasse und dem Fragesteller. Und zwar ist die Furcht vor dieser Niederlage so groß, daß es lieber von vornherein auf alles

Antworten verzichtet (wie der Fuchs auf die sauren Trauben), auch wenn die Wahrscheinlichkeit noch so groß ist, daß die Antwort diesmal richtig ausfallen würde.

Wir sprechen in diesen Fällen von einer neurotischen Denkhemmung. Und wir finden immer wieder, daß die Bedingungen, unter denen diese Denkhemmung auftritt, zwar außerordentlich verschieden sein können, daß aber ihr letzter Sinn immer der gleiche ist, nämlich die Scheu des Kindes vor seiner eigenen Produktivität.

Damit ist die Aufgabe der Schule eindeutig festgelegt. Es kommt darauf an, dem Kinde seine Produktivität zu erhalten, es dahin zu bringen, daß es sich produktiv und auf eigene Verantwortung mit der Welt auseinandersetzt, und daß es sich durch Mißerfolge nicht verschüchtern läßt. Alles, was die Lernschule liefern kann, sind nur Mittel, deren sich das Kind bedienen soll. Wo aber diese Mittel zum Zweck werden, wird der wahre Zweck, nämlich die unmittelbare Zweckhaftigkeit des kindlichen Lebens, unter dem Übermaß der aufgezwungenen Mittel erstickt, und was übrigbleibt, ist eine Maschine, die nicht mehr arbeitet, weil ihr der Motor, nämlich die Lebendigkeit, verlorengegangen ist. Dieser Mangel an Mut zur Verantwortung wird dann – zur Entlastung der Erzieher – „Mangel an Begabung" genannt.

Die Denkhemmung oder Unbegabtheit wirkt, wenn sie erst einmal konstatiert worden ist, außerordentlich entmutigend auf die weitere Entwicklung des Kindes. Unwillkürlich bildet sich in allen Beteiligten (also auch in den Eltern) die Vorstellung, daß im Gehirn des Kindes irgendein Zentrum nicht richtig ausgebildet oder von vornherein in der Anlage zu kurz gekommen sei. Man glaubt, die Unbegabtheit sei etwas Ähnliches wie Schwachsinn oder Idiotie, und der Unterschied bestehe nur im verschiedenen Grade der Störung. Aber das ist ein Irrtum. Ebensogut könnte man sagen, ein Chinese, der bei uns wohnt und noch nicht deutsch sprechen kann, sei stumm. Es handelt sich nicht um eine Unmöglichkeit, sondern um eine vorübergehende Hemmung des Denkens. Wenn wir uns aber so ungeschickt verhalten, daß wir diese Hemmung verstärken, anstatt sie zu verringern, so wird sie stärker, und schließlich kann tatsächlich ein Bild entstehen, das äußerlich dem Schwachsinn gleicht, innerlich jedoch völlig von ihm verschieden ist. Die Ungeschicklichkeit aber besteht darin, daß wir das Wesen jener Denkhemmung nicht richtig erkennen, oder, was dasselbe heißt, daß wir Erwachsenen an die Unabänderlichkeit der Begabungen und Unbegabtheit glauben, weil wir selber kein Vertrauen mehr zur Produktivität des Lebens haben.

Der Erzieher indessen, der noch nicht völlig entmutigt ist, kann sich leicht einen Beweis für die Richtigkeit dieser optimistischen Ansichten verschaffen. Er braucht nur die ihm anvertrauten Kinder unbemerkt vor Aufgaben zu führen, die ihnen nicht als Schulaufgaben, sondern als freie Spiele erscheinen. Und er wird mit Staunen sehen, wie zuerst die mutigen Kinder und allmählich auch die weniger mutigen (will sagen, die weniger „begabten") auf überraschend produktive Weise mit diesen Aufgaben fertig werden. Wenn es gilt, eine Sonnenuhr zu bauen, verstehen die Sekundaner plötzlich Trigonometrie. Wer von sich aus auf die Idee kommt, eine elektrische Leitung zu legen, hat bald darauf die Stromgesetze verstanden — vorausgesetzt, daß er nicht schon nach dem ersten Mißerfolg von irgendeinem erwachsenen Besserwisser in beschämender Weise belehrt worden ist. Und ein kleines Mädchen, das sich eine Puppenstube baut, kann geometrische Aufgaben lösen. Es gibt keine Unbegabtheit, wo es Freude an der Leistung gibt.

Die Aufgabe der Heilpädagogik, etwa in den Hilfsschulen, lautet also: Man stelle die verlorengegangene Freude an der Leistung wieder her, man erwecke von neuem das Vertrauen zur Produktivität des Lebens.

Die allgemeine Regel aber heißt: *Man richte alle Aufgaben so ein, daß sie das Kind nicht entmutigen. Man mache sie nicht zu schwer, damit sie nicht mit Notwendigkeit zur Niederlage führen, und auch nicht zu leicht, damit sie nicht langweilen. Vor allem aber stelle man die Aufgaben so, daß sie nicht wie ein notwendiges Übel, sondern wie ein erfreuliches Stück der eigenen Entwicklung erscheinen. — Und wenn dies nicht gelingt, so suche man die Ursachen des Mißerfolges weniger in den Lehrplänen und in den Vorschriften der Behörden, als vielmehr in dem eigenen Mangel an Produktivität, und man mache sich daran, das verlorengegangene Vertrauen zum Leben wiederzufinden.*

§ 14

Ruhestörung

Die Auflehnung gegen die Erwachsenen spielt in den Leitlinien der heranwachsenden Jugend eine große Rolle. Es wurde schon darauf hingewiesen, daß das Neinsagen um des Neinsagens willen bei vielen Kindern die einzige Möglichkeit darstellt, ihr Selbstgefühl zu behaupten. Und zwar bildet sich diese Neigung in sehr verschiedenen Formen und Graden aus, je nach dem Verhalten, das die Erwachsenen der kindlichen Unbotmäßigkeit in den ersten Lebensjahren entgegensetzten. Sind die Erzieher sehr streng, so frißt sich ein Zwang zum Neinsagen überaus tief in den Charakter des Zöglings ein, äußert sich aber nur auf Umwegen und in versteckter Form. Sind die Erzieher schwächlich, so wächst sich die Neinsagerei zu einer aufdringlichen und fast übermäßigen Gewaltherrschaft des Kindes aus. In allen Fällen findet aber das entmutigte Subjekt in seinem Negativismus eine unfehlbare Waffe, mit der es die Bemühungen der Erzieher zunichte machen kann. Es entzieht sich auf diese Weise der Nötigung, Subjekt und Objekt zugleich zu sein.

In der Schule wirkt sich die negative Haltung des Kindes in zwei verschiedenen Formen aus. Wo der Mut zu selbständigen Taten erhalten geblieben ist (ohne aber zur Übernahme der Verantwortung auszureichen), entwickelt sich die sogenannte asoziale Haltung. Sie reicht von gelegentlichen Störungen, dummen Streichen und allerhand Schabernack bis zu den schweren Kinderverbrechen, Bandenbildung, Tierquälerei und Brandstiftung. Wenn die Mutlosigkeit schon so groß ist, daß sie das aktive Hervortreten des Subjektes unmöglich macht, nimmt der Negativismus des Kindes die Form des passiven Widerstandes an. Doch von dieser letztgenannten Verhaltungsweise soll erst später die Rede sein.

Die innere Verfassung, die Leitlinien und meist auch das Leitbild des ungezogenen Schulkindes dürfte nicht schwer zu durchschauen sein. Ein zehnjähriger Junge zieht dauernd die Aufmerksamkeit der Klasse auf sich, indem er hinter dem Rücken des Lehrers sich eine Brille aufsetzt, die er aus Papier geschnitten hat. Oder ein zwölfjähriges Mädchen plaudert ununterbrochen mit ihrer Nachbarin. Sie „will“ freilich nicht die Aufmerksamkeit der Klasse auf sich lenken. Ihr bewußtes Ziel ist der Austausch von Neuigkeiten. Aber der Zweck ihres Verhaltens ist der gleiche wie bei dem Jungen: sie wollen beide das Gefühl der Überlegenheit erleben. Der eine kommt sich wie ein Held vor, weil er durch sein gefährliches Spiel das Staunen der Klasse erregt, die andere fühlt sich als freie Herrin ihrer selbst, denn sie redet so viel sie will, und die Gesetze der Schulordnung gelten für sie nicht. Beide benehmen sich als reine Subjekte, und beide versuchen, dem Schicksal des Objektseins, nämlich dem Folgentragen, zu entgehen.

Das gewöhnliche Schicksal solcher Störenfriede besteht darin, daß der Versuch des unverantwortlichen Heldentums kläglich mißlingt. Im Namen der Ordnung macht der Lehrer den Störenfried, der nur Subjekt sein will, doch wieder zum Objekt. Das Kind wird ermahnt oder bestraft und fühlt sich weiter als je von seinem Leitbild entfernt. Da es aber diesem Leitbild nachstreben muß, sieht es sich gezwungen, immer neue unverantwortliche Heldentaten zu versuchen. Der Junge, dem man die Brille fortgenommen hat, wird heimlich mit Papierkugeln nach dem Lehrer werfen, und das Mädchen, das für sein Schwatzen getadelt wurde, wird seine Neuigkeit auf Zettel schreiben und der Nachbarin weitergeben.

Man mache sich klar, daß beide Kinder sich in einem Teufelskreise drehen, dessen einziger Ausweg ihnen durch den Lehrer versperrt wird. Je mehr man sie bestraft, um so mehr zwingt man sie zu ordnungswidrigen Handlungen. Und wenn die Strafe so ausfällt, daß ihnen, wie der Prügelpädagoge sagt, „die Lust zu den Dummheiten vergeht", dann unterlassen sie zwar die Störungen, aber sie unterlassen auch alles andere. Sie gehen dann von der aktiven Verneinung zur passiven Verneinung über. Sie leben lustlos, mutlos, stumpf und tatenlos dahin, bis sich das alte Leitbild eines unverantwortlichen Heldentums doch noch einmal in einem plötzlichen und wilden Ausbruch verwirklicht: in einem Verbrechen oder im Selbstmord.

Wer vor diesen unausbleiblichen Folgen der pädagogischen Blindheit zurückschreckt und die Kinder trotz ihrer Ungebärdigkeit mit Nachsicht und Freundlichkeit behandelt, macht genau die gleichen schlechten Erfahrungen. Und auch hier läßt sich die Wirksamkeit der Teufelskreise mit fast mathematischer Sicherheit vorausberechnen. Das Kind wird nicht bestraft, es hat die Lacher auf seiner Seite, und es scheint fast, als ob sein Leitbild sich verwirklichen ließe. Es ist der kühnste, selbständige und erfolgreichste Mensch in der Klasse. Aber das Leben zeigt alsbald, daß das kindliche Leitbild doch nur ein Traum ist, der wegen seiner inneren Widersprüche nicht verwirklicht werden kann. Man kann nicht gleichzeitig ein Held sein und das Leben stören.

Nur wenn die Ordnung, die man stört, lebenswidrig ist, und wenn der Störer bereit ist, die Verantwortung für seine Störung zu übernehmen, steht das Leben auf Seiten des Störers: Das Rebellieren wird dann zum Reformieren. Aber in unserem Falle steht das Leben auf Seiten des Erziehers, da ja der Störenfried die Verantwortung für sein Verhalten umgehen möchte. – Je mehr das Kind stört, um so leichter und um so wertvoller muß sein Sieg ihm erscheinen. Und da der Lehrer sich nicht wehrt, fehlt diesem Siegesgefühl das Wichtigste, nämlich das heldische Erlebnis einer glücklich überwundenen Gefahr. Um seine Überlegenheit zu wahren, muß man seine Taten schließlich bis ins Sinnlose steigern, und je mehr man sich an die billigen Lorbeeren gewöhnt, um so weniger kann man auf sie verzichten. Darum wird man im Augenblick der wirklichen Entscheidung, wenn etwa die vorgesetzte Behörde eingreift, völlig widerstandslos zusammenbrechen. Das Leitbild, das eben noch so nahe schien, erweist sich gleichzeitig als etwas Unerreichbares und als etwas Unwirkliches. Man verliert die Richtung, man weiß nicht mehr, wozu man lebt, und man hascht nach irgendeinem Schein eines Wertes, um nicht völlig ins Nichts zu versinken. Auch hier stellt Verbrechen oder Selbstmord die letzte Stufe der Leiter dar.

Die meisten Erzieher aber sind weder so konsequent in ihrer Strenge, noch so konsequent in ihrer Güte, daß sie die Zöglinge bis auf die letzten Sprossen der Leiter hinauftreiben. Hier hilft ihnen die Menschlichkeit, die ihnen noch innewohnt, ohne daß sie es wissen, und die über alle Grundsätze hinaus immer wieder eine produktiv-lebendige Gemeinschaft zwischen ihnen und ihren Schülern entstehen läßt. Für den menschlich eingestellten Lehrer, der für seine eigene Person bereit ist, Subjekt und Objekt zugleich zu sein, macht es nicht allzuviel aus, ob in seiner Methode die Strenge oder die Güte überwiegt. Es kommt nur darauf an, ob es ihm gelingt, in dem Störenfried das Gefühl für seine eigene Verantwortlichkeit zu erwecken. Dieses Ziel aber kann ihm weder die eine noch die andere Methode sichern. Und niemand kann ihm sagen, welche Schritte er in diesem oder jenem Fall zu unternehmen habe. Der Weg zu diesem Ziel hängt einzig und allein von der schöpferischen Leistung ab, die aus der unmittelbaren Lebendigkeit des Erziehers hervorgehen muß.

Es könnte nun so aussehen, als ob die Pädagogik eine Kunst wäre, zu der man von vornherein begabt oder unbegabt ist. Und der unbegabte Pädagoge würde sich gezwungen sehen, einen neuen Beruf zu ergreifen. Dem ist aber nicht so. Alle Unbegabtheit, aller Mangel an Produktivität hat sich uns als Hemmung der lebendigen Zweckhaftigkeit enthüllt. Die Lebendigkeit aber ist jedem Menschen in ihrer ganzen Fülle mitgegeben. Wer sich als schlechter Pädagoge erweist, wer die schöpferische Idee nicht findet, die den entgleisenden Schüler wieder zu einem verantwortlichen Menschen macht, der sollte keineswegs einen anderen Beruf ergreifen (denn er würde dort ebenso versagen), sondern der sollte sich fragen, welches falsche Leitbild, welche starren Leitlinien, welche lebenswidrige innere Verfassung ihm die Quellen seiner Produktivität verstopfen. Er sollte die Fehler, die er bei der Erziehung anderer macht, ausnutzen, um seiner eigenen Erziehung nachzuhelfen. Dann wird er um so schneller seine eigenen Fehler beseitigen können, je deutlicher sie ihm in seinen Mißerfolgen entgegentreten. Der Weg aber zur Selbsterziehung, der der Weg des Lebens überhaupt ist, soll noch ausführlich beschrieben werden.

Hier sei nur die allgemeine Regel gegeben: *Wer mit Schülern zu tun hat, die die Ordnung stören, richte es so ein, daß die Störenfriede einerseits die Folgen ihrer Störung tragen — sie müssen die versäumten Arbeiten wiederholen, das Klassenzimmer verlassen, aber nicht weil der Lehrer böse ist, sondern weil die Interessen der Gesamtheit gewahrt werden müssen —, daß sie aber andererseits nicht nur die volle Sympathie, sondern auch das volle Verständnis des Erziehers fühlen. Er muß ihnen sagen, wozu sie stören, wie ihr Leitbild heißt, wieso dies Leitbild falsch ist, und daß er einen in die Irre gehenden Schüler weder bewundern noch hassen noch fürchten kann, sondern daß er ihm nur immer wieder zeigen wird, wie vergeblich alle menschlichen Versuche sind, sich der Verantwortung zu entziehen.*

§ 15

Stumpfheit

Fast noch mehr Schwierigkeiten als die „dummen" und die „störenden" bereiten den Lehrern die „stumpfen oder apathischen" Kinder. Sie unterscheiden sich von den beiden erstgenannten Arten dadurch, daß die Hemmung bei ihnen auch den Bereich des Willens erfaßt hat, während das denkgehemmte Kind ein „Denkenwollen, aber nicht Denkenkönnen" erlebt, und während der Störenfried immer etwas „will", was dem Wollen der Gemeinschaft zuwiderläuft. Die Entmutigung des stumpfen Kindes ist also gründlicher. Es hat scheinbar keinerlei Ziele mehr, und erst die eingehende Beobachtung zeigt, daß trotzdem alle Eigentümlichkeiten des menschlichen Charakters bei ihm zu finden sind. Es besitzt ein Leitbild, das ihm aus dem Minderwertigkeitsgefühl heraus und zur Geltung hin verhelfen soll, und das aus vielfältigen und bestimmten Leitlinien zusammengesetzt ist wie jedes andere Leitbild auch. Ja sogar die äußerst zarte und empfindliche Politik, die man bei den anderen Kindern vorfindet, zeigt sich auch bei diesen scheinbar so unempfindlichen und groben Charakteren; nur gehört es als erster Grundsatz zu ihrem Leitbild, daß alle diese Dinge so lange wie möglich unsichtbar bleiben müssen.

Ein Vater kommt mit seinem zwölfjährigen Sohn (dem ältesten von drei Jungen) zur Erziehungsberatung. Er sagt, daß sein Ältester keinerlei Ehrgeiz besitze, daß er faul sei und trotz seiner ziemlich guten Begabung in der höheren Schule nicht mitkommen könne. Alle erzieherischen Mittel, vom guten Zureden bis zu den strengsten Strafen, prallten an der Dickfelligkeit des Jungen wirkungslos ab, und es bleibe nichts anderes übrig, als ihn irgendwie ein Handwerk lernen zu lassen, trotzdem er wirtschaftlich durchaus die Möglichkeit habe, einen akademischen Beruf zu ergreifen.

Der Junge stand gleichgültig daneben und zog mit der Fußspitze das Muster des Teppichs nach, als ob ihn die Rede des Vaters gar nichts anginge. Diese Teilnahmslosigkeit reizte den Vater offensichtlich, und er beherrschte sich nur mühsam, um nicht in Gegenwart der vier oder fünf anwesenden Psychologen eine Prügelszene zu veranstalten.

Der Leiter der Erziehungsberatung wandte sich freundlich und sachlich an das Kind. „Wer von euch beiden bleibt Sieger, dein Vater oder du?" – Ein Blitz aus den Augen des Knaben war die Antwort, aber schon im nächsten Augenblick trat die gewohnte Stumpfheit wieder auf, und das Muster des Teppichs interessierte ihn mehr als die anwesenden Menschen.

Der Psychologe sprach weiter: „Dein Vater meint, daß du kein Ehrgefühl hast; aber das stimmt nicht. Du bist so maßlos ehrgeizig, daß jede kleinste Niederlage für dich fast ein Todesurteil bedeutet. Darum machst du es ganz schlau (aber ohne es zu wissen): du versuchst gar nicht erst, das zu tun, was die Erwachsenen von dir wollen, denn du weißt von vornherein, daß du es ihnen nicht recht machen kannst, daß du Niederlagen erleiden wirst, und daß das für dich ein Todesurteil wäre. Darum versuchst du etwas ganz anderes (aber auch ohne es recht zu wissen). Du suchst deine Ehre im Sieg über die Erwachsenen. Du machst es wie der Indianer am Marterpfahl. Mögen die Feinde dich schelten, verhöhnen, schlagen und quälen – du bleibst kalt, gefühllos, unberührt und gönnst ihnen nicht den Triumph des Erfolges. Je mehr sie auf dir herumtrampeln, um so größer ist deine Überlegenheit, wenn du dir nichts daraus machst. Und der allerempfindlichste Schlag, den du gegen deinen Vater führen kannst, besteht darin, daß du seine Zukunftspläne zerstörst. Er hat von Anfang an gewollt, daß du Assessor und Regierungsrat und vielleicht sogar Minister wirst. Du weißt recht gut (und vielleicht hat er es dir selber gesagt), daß er an seiner Villa, an seinem Auto und an seinem bekannten Namen keine Freude hat, wenn sein Ältester ein Schornsteinfeger werden muß. Hier ist seine empfindliche Stelle, und ohne es dir einzugestehen, hast du ihm, deinem Feinde, hier grausam und zielsicher den tödlichen Schlag versetzt. Deine Ehre ist gerettet, du bist der Sieger in diesem Streit, dein Feind, der dein Vater ist –"

„Er ist nicht mein Vater", sagte das Kind leise und mit eisiger Kälte.

„Die meisten Kinder, die so behandelt werden wie du, behaupten, daß ihre Eltern nicht ihre richtigen Eltern seien. Aber das ist auch nur ein Trick, um ihm weh zu tun. In Wirklichkeit weißt du recht gut, daß er dein Vater ist, und du weißt auch, daß diese Ansicht, die du eben aussprachst, ihn gerade darum verletzten muß. (Denn wenn er nicht dein Vater wäre, wäre es ihm nicht so wichtig, wie du über diese Tatsache denkst.) So aber hast du ihm jetzt eben heimzahlen wollen, was er dir kurz vorher angetan hat. Er hat von dir behauptet, dir fehle jedes Ehrgefühl, du behauptest von ihm, er sei nicht dein Vater. Wie du mir, so ich dir. Es ist ein Indianerkrieg zwischen euch. Aber wozu ist dieser Krieg gut?"

Der Vater war halb erschrocken und halb belustigt über diese Rede. Er kannte die Technik der Erziehungsberatung nicht, verstand aber, daß der Psychologe einen Sturmangriff auf den kindlichen Charakter unternahm, und war klug genug, diesen Versuch nicht zu hindern. – Leider findet man in den meisten Fällen eher das Gegenteil. Dann wird die Aufgabe des Erziehers (oder des Erziehungsberaters) etwas schwerer. Aber hier handelt es sich darum, das Prinzip der Sache darzustellen, und dazu ist der einfachere Fall besser geeignet.

Der Vater schilderte in kurzen Zügen die häuslichen Verhältnisse und bestätigte Zug um Zug, was der Psychologe aus seinem und seines Sohnes Verhalten abgelesen hatte. Er fügte nur noch hinzu, daß die Mutter eine kühle, arbeitsame und sehr pflichtbewußte Frau sei, und daß die beiden anderen Jungen (acht- und fünfjährig) recht tüchtige Menschen zu werden versprachen. – Der Zwölfjährige sah jetzt, im Gegensatz zum Beginn der Unterredung, den Psychologen ernst und erwartungsvoll an. Die menschliche Verbindung zwischen ihnen war gefunden, und der erste Teil der pädagogischen Aufgabe war bereits gelöst. Was weder Weichheit noch Härte hatten erreichen können, gelang der sachlichen Haltung des Psychologen ohne alle Mühe: Er nahm das Kind ernst und behandelte es wie einen vollwertigen Menschen.

„Wenn ihr jetzt Frieden schließen würdet", fuhr er fort, „würde es drei Stunden lang gut gehen. Dann aber würde dasselbe Theater wieder anfangen, das bisher gewesen ist. Beide Teile würden mit gutem Willen versuchen, ein neues Leben zu beginnen, aber bei der ersten Belastungsprobe, nämlich bei der ersten Niederlage, die du in Kauf nehmen müßtest, würde auf der Stirne deines Vaters zu lesen stehen: aus dem Jungen wird nie ein Regierungsrat. Du würdest, empfindlich wie du nun einmal bist, in dieser Stirn-Inschrift ein Todesurteil lesen und würdest dich und dein übermenschliches Ehrgefühl wieder in den dicken unsichtbaren Panzer der Dickfelligkeit hüllen. Dann würde dein Vater denken: Na ja, ich habe es gleich gewußt, er bleibt drei Stunden lang vernünftig, und dann wird er wieder apathisch. — Und du würdest denken: Na ja, drei Stunden lang behandelt er mich richtig nach den Vorschriften des Psychologen; dann macht er einen pädagogischen Fehler, und ich bin wieder der Reingefallene! — Was soll man also tun, damit der Frieden länger dauert als drei Stunden?

Es gibt nur ein einziges Mittel. Du mußt begreifen, daß es für dich wichtiger ist, dein eigenes Leben zu leben, als deinen Vater zu bekämpfen. Du bist immer der Reingefallene, wenn du dich durch seine Stirn-Inschriften erschrecken läßt. Vielleicht hat er recht, wenn er denkt, daß du nie ein Regierungsrat wirst. Aber deswegen bist du doch kein schlechter Mensch. Das ist durchaus kein Todesurteil. Vielleicht wirst du statt dessen ein ganz kleiner Techniker, der einmal die Funkverbindung mit dem Mond erfindet. Und vielleicht hat er unrecht, und du wirst doch noch Regierungsrat. — Das ist gar nicht so wichtig, die Hauptsache ist, daß du dich im Augenblick nicht abschrecken läßt. Es ist durchaus nicht nötig, daß du immer die Flinte ins Korn wirfst, wenn dir irgend etwas mißrät. Und es ist noch weniger nötig, daß du die Flinte ins Korn wirfst, wenn ein anderer etwas von dir denkt, was dir nicht gefällt.

Das Rezept, das dir helfen wird, heißt:

Ein Narr ist, wen es kränkt,
was der andere denkt.
Über Niederlagen lachen
und die Arbeit weiter machen,
ist das allerschwerste Stück.
Wer's nicht lernt, der hat kein Glück." —

In ähnlicher Weise wurde die Sachlage noch drei- oder viermal im Laufe der nächsten Wochen (aber ohne die Gegenwart des Vaters) mit dem Kinde durchgearbeitet. Gleichzeitig setzte auf Grund der ersten Besprechung eine merkliche Änderung im Verhalten des Vaters ein, ohne daß man ihn direkt auf die Notwendigkeit einer solchen Änderung hingewiesen hätte. Und es versteht sich von selbst, daß eine pädagogische Umstellung weit wirksamer ist, wenn sie auf Grund eines persönlichen Erlebnisses zustande kommt, als wenn sie nur das Ergebnis theoretischer Überlegungen und Beratungen ist. Der Junge zeigte eine Zeitlang noch ziemlich krasse Schwankungen in seinem Verhalten, ging auch gelegentlich zur Kampfweise des Störenfriedes über, fand sich aber dann mit der Tatsache ab, daß er selber seines Glückes oder seines Unglückes Schmied war. Er bewies sich nicht nur als ein sehr begabter, sondern auch als ein sehr ehrgeiziger Schüler, holte in wenigen Wochen alles Versäumte nach und bereitete seinen Eltern in Zukunft nur noch dadurch Sorgen, daß er (in Übereinstimmung mit dem Charakter seines Vaters) die Neigung entwickelte, sich als Musterkind und Streber hervorzutun.

Es dürfte freilich nicht ganz leicht sein, auf Grund dieses einen eben geschilderten Falles für die ähnlichen Fälle, die doch oft unter ganz anderen äußeren Umständen zustande kommen, den geeigneten Weg der Hilfeleistung zu finden. Aber auch hier, wie in allen derartigen Problemen, kann sich die allgemein gültige Regel nur auf vage Andeutungen beschränken. Und die sachgemäße Umsetzung in die Praxis muß der Lebendigkeit des Erziehers überlassen bleiben. Die Regel lautet:

Es gilt, bei einem stumpfen Kinde das überaus hochgesteckte Ziel aufzufinden, dem die Stumpfheit als Mittel dient. Sobald das Kind erlebt, daß seine angebliche Stumpfheit nur eine Maske ist, und zwar eine zweckwidrige Maske, die gerade das herbeiführt, was sie verhindern soll, nämlich die Niederlage, und sobald das Kind erlebt, daß ein Mensch da ist, vor dem es sich nicht zu fürchten braucht, weil dieser Mensch es ernst nimmt — verschwindet die stumpfe Maske rasch und für immer. Und solange dies nicht gelingt, hat sich der Erzieher zu fragen, wo seine (des Erziehers) Ichhaftigkeit das Kind noch hindert, Subjekt und Objekt zugleich zu sein.

Sechstes Kapitel

Geschlechtsreife

§ 16

Aufklärung

Das Problem der geschlechtlichen Aufklärung läßt sich nicht einheitlich lösen. Die psychologische Sachlage ist in den einzelnen Fällen außerordentlich verschieden. Und zwar ordnen sich die Fälle in einer Reihe, welche bei fast ganz sachlichen Kindern beginnt, die auch sachliche Eltern haben, und bei völlig unsachlichen Kindern endet, zu denen freilich auch unsachliche Erzieher gehören.

Bei den erstgenannten gibt es auf dem Gebiet der geschlechtlichen Aufklärung keinerlei Schwierigkeit. Das Kind findet sich in den Fragen der Fortpflanzung ebenso zurecht wie in allen anderen Fragen auch. Es erkundigt sich eines Tages, woher die Kinder kommen, und diese Frage ist nicht anders gemeint, als etwa die Frage nach der Herkunft des Regens oder der Elektrizität. Das Kind beruhigt sich am besten mit einer sachlichen Antwort, die nur das enthält, was das Kind zu wissen verlangt, die aber nicht in der gelegentlichen Frage einen Anlaß zu langen und umständlichen biologischen Vorlesungen sieht. Man sage ihm etwa, daß das Kind in der Mutter wächst, ganz ähnlich wie der Kern in einem Apfel oder die Mohnkörner in einem Mohnkopf. Es fragt dann erst weiter, wenn ihm das Problem auftaucht, unter welchen Bedingungen denn ein solches Wachstum beginne, und unter welchen Bedingungen es unterbleibe. Je richtiger die erste Antwort gegeben wird, um so später erhebt sich die zweite Frage. Wird sie aber gestellt, so muß sie beantwortet werden wie die erste. Der Befruchtungsvorgang wird je nach dem Alter des Kindes einfach und rückhaltlos dargelegt – vorausgesetzt immer, daß der Erzieher sich diese Art der Aufklärung zutraut, und daß er sicher ist, die Frage des Kindes richtig verstanden zu haben.

Sobald er aber die Gefahr merkt, in sentimentale Symbolik oder naturwissenschaftliche Kraßheit zu verfallen, soll er lieber schweigen. Alle Aufklärungsbücher, die durch schwülstige Poesie die Dinge verschleiern, und ebenso alle diejenigen, die durch brutale Gründlichkeit die Dinge übertreiben, sind in der gleichen Weise unsachlich und richten in gleicher Weise Unheil an. Beide entspringen aus der erotischen Unsicherheit der Verfasser und suchen vergebens der erotischen Unsicherheit ihrer Leser zu Hilfe zu kommen.

Leider ist es heute in Mitteleuropa außerordentlich selten, daß in einer Familie so viel Unbefangenheit und Klarheit herrschen, wie zu einer wirklich harmlosen Aufklärung des Kindes nötig sind. In den weitaus meisten Fällen wird unwillkürlich entweder durch Verschleierung und Geheimnistuerei einer Unteraufklärung zustande kommen — oder aber es wird sich eine Überaufklärung ergeben. Die Überaufklärung entsteht auf zwei entgegengesetzte Weisen, nämlich entweder dadurch, daß man absichtlich und nach reiflicher (aber falscher) Überlegung im Anschluß an die vorhin erwähnten Bücher einen Aufklärungsfeldzug gegen seine Kinder unternimmt, durch den sie zweierlei Unwahrheiten lernen – sie lernen nämlich, daß die geschlechtlichen Dinge verworrener und schrecklicher sind, als daß ein Mensch sie sich vorstellen könnte, und ferner, daß es auf diesem Gebiete viele Gelegenheiten gibt, die Erwachsenen aus der Fassung zu bringen – oder aber die Aufklärung wird von Seiten der Erzieher ganz unterlassen und dem Zufall anheimgegeben. Klassenkameraden, gelegentliche Beobachtungen oder vielleicht sogar geschlechtliche Angriffe Erwachsener brechen dann zur Unzeit über das schlecht vorbereitete Kind herein, und es entsteht eine krasse Überaufklärung, die einerseits eine gründliche Liebesentmutigung und andererseits die Sehnsucht nach einem törichten geschlechtlichen Genießertum zur Folge hat.

Da wir in den weitaus meisten Fällen schon mit über- oder unteraufgeklärten Kindern zu tun haben, lautet die wichtigste Frage für uns, wie man es dahin bringen kann, daß die geschlechtlichen Dinge für das Innenleben dieser Kinder wieder an die ihnen zukommende harmlose Stelle gerückt werden. Und meist ist diese Aufgabe weit leichter, als man sich vorstellt. Wir finden nur leider selbst so schwer die richtige pädagogische Haltung für diese Aufgabe, weil wir auf diesem Gebiete selber das Gegenteil von harmlos zu sein pflegen. Sonst würden wir nämlich merken, daß die geschlechtlichen Fragen bei 95 Prozent aller Kinder gar nicht in erster Linie geschlechtlicher, sondern vielmehr kämpferischer Natur sind.

Das Kind ist auf irgendeine Weise in Gegensatz zu seinen Erziehern geraten, und es benutzt im Kampf um seine Selbstbehauptung alle Waffen, die sich als geeignet erweisen. Und da ergibt sich bald, daß die wirksamsten Waffen dem geschlechtlichen Gebiet entstammen. Das Kind sieht, wie der Erwachsene unruhig, unsicher, verlegen oder zornig wird, sobald man nur eine Andeutung in dieser Richtung verlauten läßt. Es ist nicht etwa böser Wille oder böser Instinkt von seiten des Kindes, sondern es sind gelegentliche Zufallstreffer, die allmählich die Gewohnheit in ihm züchten, die schwache Stelle seines Erziehers immer wieder zu berühren, um sich dadurch ein Gefühl der Überlegenheit zu schaffen. Es ist der Reiz des Verbotenen, der hier allmählich in Form einer starken Leitlinie zu einem Hauptbestandteil des Leitbildes gemacht wird. Das Leitbild enthält dann beispielsweise die Bestimmung: „Auf geschlechtlichem Gebiet genau soviel oder gar noch mehr wissen als die Erwachsenen“, „von geschlechtlichen Dingen reden, trotzdem und gerade weil es verboten ist“, oder „geschlechtliche Handlungen vollziehen, genau wie die Erwachsenen“.

Man wird verstehen, daß alle diese Ziele um so mehr einen zwangsläufigen Charakter annehmen werden, je tiefer sich das Kind in sein Minderwertigkeitsgefühl verstrickt sieht und je dringender es darum seine Überlegenheit suchen muß. Je krasser aber alles Geschlechtliche von seiten der Erziehung mit Acht und Bann belegt wird, um so mehr wird das Kind durch die Verwendung derartiger „verbotener“ Waffen neben dem Gefühl des Sieges doch gleichzeitig das Gefühl der Verworfenheit haben. Es verkauft seine Überlegenheit dadurch, daß es „Unanständiges“ tut und somit auf die Gemeinschaft der anständigen Menschen verzichtet. Es fühlt sich als ausgestoßen, verachtet, verurteilt und darum minderwertig und sieht sich gezwungen, seine Minderwertigkeit durch ein Verhalten auszugleichen, das ihm zwar im Augenblick einen neuen Triumph, aber auf die Dauer ein noch stärkeres Minderwertigkeitsgefühl einbringt. Auf keinem Gebiet ist der Teufelskreis so unerbittlich wirksam wie auf dem geschlechtlichen, weil auf keinem Gebiet die Erzieher so ungeschickt sind wie hier.

Wer aber begreift, daß nicht der Kampf gegen die Erwachsenen im Dienste des geschlechtlichen Lustgewinnes steht, sondern daß umgekehrt die Verwendung geschlechtlicher Dinge als Waffe im Kampf gegen die Erwachsenen stattfindet, der wird nicht versuchen, das Kind von den geschlechtlichen Dingen abzulenken, sondern er wird versuchen, den Kampf aus der Welt zu schaffen. Wer es unternehmen wollte, das Kind von seinen geschlechtlichen Interessen abzulenken, ohne seinen Krieg gegen die Erzieher vorher abzubauen, der würde verlangen, daß ein unbesiegter Kämpfer schon vor dem Waffenstillstand die Waffen niederlegt. Er wird sein Ziel nie erreichen. Wer aber den Friedensschluß zwischen Zögling und Erzieher zustande bringt, wer also das Vertrauen zwischen beiden und die beiderseitige Subjektivität wiederherstellt, der wird erleben, daß all die scheinbar so verdorbenen Regungen des Kindes sehr rasch verschwinden und der fröhlichen Entfaltung fröhlicher Kräfte das Feld freimachen.

Erwähnt sei nur noch, daß entsprechend der verschiedenen Grundeinstellung die geschlechtlichen Interessen aktiv oder passiv, in Taten oder in Gedanken, offen und kämpferisch oder heimlich und gleichsam widerwillig betätigt werden können. Auch das scheinbar völlige Fehlen jedes Interesses für die geschlechtlichen Fragen ist nur eine Abart neben den anderen. Es bedeutet keineswegs die gesunde Lösung der Probleme, sondern vielmehr die völlige Verschüchterung und somit die denkbar schlechteste Vorbereitung auf diesem Gebiet. – Wer aber nicht glauben will, daß all diese verschiedenen Formen der geschlechtlichen Interessen immer nur als Mittel im Kampfe um die Ichbewahrung stehen, der versuche, ohne eine solche Einsicht als Erzieher weiterzukommen. Er wird finden, daß der Erfolg uns Recht gibt.

Aus dem Gesagten ergibt sich die Regel: *Wo sich die geschlechtliche Aufklärung nicht mehr harmlos und schlicht vollziehen kann, handelt es sich schon nicht mehr darum, die Einsicht in die geschlechtlichen Tatsachen zur Kenntnis zu bringen, sondern den Unfug, der mit diesen Tatsachen getrieben wird, allmählich abzubauen. Die Aufklärung selbst macht in solchen Fällen nie Schwierigkeiten, aber die Ermutigung des Kindes – das einzige Mittel zur Beseitigung seines Kampfes gegen die Erwachsenen – ist hier ebenso schwer wie auf jedem anderen Gebiete. Und auch hier wird jeder Mißerfolg der Mutlosigkeit des Erziehers zuzuschreiben sein.*

§ 17

Spielereien

Geschlechtliche Spielereien, die dem Erzieher meist mehr Schrecken einjagen, als nötig ist, können auf zwei verschiedene Weisen entstehen. Ihr Ausgangspunkt ist entweder völlig harmlos und gleichsam zufällig, oder er bildet von vornherein einen Bestandteil des oft erwähnten Kampfes gegen die Erwachsenen. Daß aber eine Gewohnheit, die auf die erstgenannte Weise entstand, durch ungünstige Beeinflussung in die zweite Art übergeführt werden kann, versteht sich von selbst.

Die harmlose Spielerei pflegt bei den meisten Kindern irgendwann einmal aufzutreten und in absehbarer Zeit wieder zu verschwinden, vorausgesetzt, daß nicht durch einen Erziehungsfehler aus dieser Kleinigkeit eine Kindertragödie gemacht wird. Jedes Kind sucht spielend seinen Körper kennenzulernen. Und wenn es bei dieser Gelegenheit einen Lustgewinn erntet („Funktionslust", wie jeder sie kennt, der Gymnastik getrieben hat), so hält es an dieser Entdeckung fest, und aus dem gelegentlichen Spiel wird eine Gewohnheit, und zwar um so mehr, je mehr das Kind Veranlassung hat, durch einen billig erkauften Lustgewinn seine etwa auftretenden Minderwertigkeitsgefühle auszugleichen.

Je öfter das Kind sich in einer „unerträglichen" Lage befindet, je weniger es also den Wechsel von Glück und Unglück, den das Leben mit sich bringt, zu ertragen gelernt hat, um so mehr hat es für die Aufrechterhaltung seines inneren Gleichgewichts eine Trostquelle nötig, auf die es sich immer verlassen kann. Wie das verzärtelte Kind sich daran gewöhnt hat, nach jeder Niederlage zur Mutter zu laufen, um sich als Ausgleich ein Pflaster, einen Kuß oder einen Bonbon zu holen, genau so lernt das empfindliche Kind, wenn der mütterliche Trost nicht mehr ausreicht, sich durch einen Lustgewinn selber zu trösten, indem es diejenigen Stellen seines Körpers berührt, die ihm einen solchen Gewinn verschaffen.

„Lustgewinn ohne Risiko" ist die Formel, nach der ein solches Kind handelt. Und es ist leicht einzusehen, daß das Ziel der Erziehung heißen muß: „Allmählicher Übergang zum Lustgefühl mit vollem Risiko." Wer ein solches Kind bestrafen wollte, würde das schon entmutigte noch mehr entmutigen. Er würde es vielleicht dazu bringen, jene Spielereien zu lassen, aber er würde es nun und nimmer dazu bringen, ein größeres Risiko auf sich zu nehmen. Es würde wahrscheinlich zu einer völlig apathischen Verhaltungsweise übergehen müssen.

Der Weg, der in solchen Fällen allein zum Erfolge führen kann, besteht in der allmählichen Vergrößerung der kindlichen Spannkraft. Das „Nicht-Warten-Können", das jeder Selbstbefriedigung zugrunde liegt, muß langsam übergeführt werden in ein „Warten-Können, ohne den Mut zu verlieren".

Daß die frühere Pädagogik an dieser Stelle immer Turnen, Sport und Wandern empfohlen hat, beruhte auf einem richtigen Gefühl, das aber falsch gedeutet wurde. Sport und Spiel stärkt die Lebendigkeit und würde auch den sogenannten „Geschlechtstrieb" stärken, wenn es einen solchen gäbe. (Aber es gibt ihn nicht in Wirklichkeit, sondern nur in der Phantasie der Mutlosen.) Sport und Spiel stärken den Mut des Menschen und damit seine Tragfähigkeit für Niederlagen. Je gesünder er sich fühlt, um so weniger wird er durch gelegentliche Mißerfolge oder durch Bedrückungen in Minderwertigkeitsgefühle verfallen, und um so weniger hat er es nötig, sich auf dem Wege des „gestohlenen Trostes" einen Ausgleich zu verschaffen. Sein Vertrauen wächst; er hat die Zuversicht, daß sich aus allen Schwierigkeiten ein Ausweg finden wird, er verläßt sich auf die schöpferische Kraft des Lebens und ist bereit, die Folgen und die Verantwortung für sein Verhalten auf sich zu nehmen; – der Wunsch nach Selbstbefriedigung kommt ihm nicht mehr in den Sinn, weil kein Minus mehr entsteht, das sofort durch dies billig erkaufte Plus ausgeglichen werden müßte. –

Schwieriger gestaltet sich die erzieherische Aufgabe, wenn, wie es leider meist der Fall ist, die geschlechtliche Spielerei mit dem Bewußtsein des Verbotenen und mit einem schlechten Gewissen in Verbindung getreten ist. Daß dies geschieht, ist nicht ausschließlich die Schuld der Erwachsenen und erst recht nicht die Schuld des einzelnen Erziehers. Es liegt tief begründet in der überaus wichtigen Tatsache, daß die Sexualfunktionen ihrer Natur nach dazu bestimmt sind, der denkbar tiefsten Verschmelzung zweier Menschen und der dadurch hervorgerufenen Entstehung neuen Lebens zu dienen. Jede Körperfunktion aber, die ihrer sachlichen Bestimmung entzogen und in den Dienst der ichhaften Gewinnsucht gestellt wird, ruft im menschlichen Organismus eine Störung des Gleichgewichts und ein Unbehagen hervor, das gleichzeitig Warnung, Strafe und Zwang zur Umkehr sein soll. Wer die Funktion seiner Geschmacksnerven nicht sachlich ausnutzt, um die richtigen Nahrungsmittel in richtiger Menge auszuwählen, sondern wer diese Funktion im Dienste eines ichhaften Lustgewinnes ausnutzt, indem er ein schlemmerhafter Feinschmecker wird, der darf sich über Stoffwechselstörungen nicht wundern. – Wer die Funktion der Geschlechtsorgane im Dienste eines ichhaften Lustgewinnes mißbraucht (das ist übrigens auch der Fall, wenn er sich einen Geschlechtspartner dazu

„kauft“), der darf sich nicht wundern, wenn sein Nervensystem in Unordnung gerät. Kopfschmerzen und Depression sind die bekanntesten Auswirkungen dieses Mißbrauchs.

So sehr auch auf Grund des geschilderten Zusammenhanges ein „Schuldgefühl“ im Gefolge der Selbstbefriedigung berechtigt sein mag, so sehr muß doch der Erzieher sich hüten, dieses Schuldgefühl noch zu verstärken. Jeder Druck und vor allem jede Drohung muß unterbleiben, weil dadurch nur der Teufelskreis verstärkt wird, in dem der Jugendliche sich dreht. Er braucht die Selbstbefriedigung, um ein Minderwertigkeitsgefühl auszugleichen, aber er weiß das nicht; und da er nicht weiß, woher die Nötigung zur Selbstbefriedigung stammt, erscheint sie ihm wie eine teuflische Macht. Sobald er ihr nachgibt, stellen sich die vorhin geschilderten Folgen ein, und das Minderwertigkeitsgefühl, das ausgeglichen werden sollte, wird nur noch größer, und der Zwang zur Wiederholung dieses falschen Verfahrens wird nur noch stärker.

Je mehr in diesen Zusammenhang der vorhin geschilderte Kampf zwischen Zögling und Erzieher noch hineinspielt, um so schwerer wird es dem jungen Menschen, seine Freiheit und Verantwortlichkeit wiederzufinden. Der Erzieher aber, der diesen Kampf aufnimmt, muß mit Entsetzen wahrnehmen, daß alle seine gut gemeinten Maßnahmen das Unheil nur noch verschlimmern.

Die Regel, die allein zum Erfolg führen kann, lautet: *Die Selbstbefriedigung ist kein Zeichen von geschlechtlicher Verirrung, sondern ein Zeichen von Mutlosigkeit. Nicht der Geschlechtstrieb muß in die richtige Bahn gelenkt werden, sondern der Mut des Jugendlichen muß wachsen. Dann nimmt seine Geschlechtsfunktion von selbst die sachlich richtige Form an. Er muß lernen, Unlust auszuhalten, Spannungen zu ertragen und sich durch Niederschläge nicht in seiner Menschenwürde kränken zu lassen. Dann bedarf er der Selbstbefriedigung ebensowenig wie des Alkohols, der Schokolade oder der Zigarette. — Der Erzieher aber, der diese Aufgabe nicht zu lösen vermag, muß sich fragen, welche ichhaften Hemmungen seiner eigenen Lebendigkeit im Wege stehen.*

§ 18

Gemeinschaft

Die Frage der Gemeinschaftsfähigkeit des Kindes, seine Einordnung oder seine Widerspenstigkeit und Entfremdung von den Altersgenossen spielt schon von den ersten Lebensjahren an eine außerordentlich wichtige Rolle in der Erziehung. Daß man sie trotzdem unter die Probleme der Geschlechtsreife rechnet, hat seinen Grund darin, daß in dieser Zeit am deutlichsten zutage tritt, ein wie hoher Grad von Gemeinschaftsfähigkeit dem heranwachsenden Menschen erhalten geblieben ist.

Die Reifezeit ist gekennzeichnet durch die beginnende Funktion der Geschlechtsdrüsen. Pädagogisch noch wichtiger aber sind die Begleiterscheinungen, die sich aus der Entwicklung ergeben. Neue Fähigkeiten und Erlebnismöglichkeiten treten auf, neue Interessen machen sich bemerkbar, und der Jugendliche steht vor der Aufgabe, sich gleichsam in einem neuen und unbekannten Lande zurechtzufinden. Dem Knaben wird das Mädchen, das er bisher verächtlich über die Schulter ansah, plötzlich zu einem schweren Rätsel oder zu einem verehrungswürdigen Heiligtum. Und das Mädchen, das bisher alle Zärtlichkeiten lächerlich fand, gerät plötzlich in eine schwärmerische Versonnenheit, die es beglückt und ängstigt zugleich.

Man mache sich klar, daß es sich hier zunächst noch nicht um geschlechtliche Fragen handelt, sondern um die Frage einer tiefen Gemeinschaft zwischen Mensch und Mensch, um die Herstellung eines „Wir“, das mehr Verantwortlichkeit, mehr Entwicklungsmöglichkeiten enthält als jede andere Gemeinschaft, die das Kind bisher kennengelernt hat. Wie die schwere Aufgabe gelöst wird, hängt erstens von der Vorbereitung des einzelnen und zweitens von der Atmosphäre seiner derzeitigen Umgebung ab. Enthält sein Leitbild viel gemeinschaftsfeindliche Linien, so wird der Jugendliche jenes ernste und verantwortliche „Wir“, zu dem er zwischen seinem 15. und 25. Lebensjahr heranreifen sollte, unter allen Umständen zu vermeiden suchen. Wenn er gelernt hat, die Sexualität als Waffe im offenen Kampf gegen die bestehende Ordnung zu benutzen, wird er auch jetzt mit Hilfe jenes Mittels das Zustandekommen einer neuen Gemeinschaft (und letzten Endes der Ehe) verhindern. Er wird durch die Liebesabenteuer die aufkeimende Liebe zerstören. Die Abenteuer werden seinem Geltungsbedürfnis schmeicheln und ihn gleichzeitig vor seinem Minderwertigkeitsgefühl schützen, da sie ihm das Leiden, die Sehnsucht, die Hilflosigkeit, die Reifung und die Gefahr des wirklichen Liebeserlebnisses unmöglich machen. Wenn er dagegen gelernt hat, sich scheinbar der Gesellschaft zu fügen und der schrankenlosen Entfaltung seines Ich nur in geheimen sexuellen Spielen zu frönen, wird er weder den Weg zur Liebe, noch den Weg zum Abenteuer finden, sondern er wird sich damit begnügen, nach außen scheinheilig und prüde dahinzuleben und im Verborgenen immer wildere und sinnlosere Orgien zu erträumen. Es unterliegt keinem Zweifel, daß ein solcher Mucker der Lebendigkeit und dem

Mut noch ferner steht als der Abenteurer, trotzdem es dem Beobachter zunächst umgekehrt erscheinen mag.

Auf jeden Fall stellt die neue Entwicklung des Jugendlichen, die durch seine innere Stellungnahme zu den Aufgaben der Geschlechtsreife bedingt ist, in erster Linie ein Gemeinschaftsproblem dar. Es fragt sich nämlich, wie sich die gute oder schlechte Gestaltung seiner neuen Gemeinschaftsmöglichkeit (nämlich der Geschlechtsbeziehung) mit der bisherigen guten oder schlechten Gestaltung seiner Gemeinschaftsbeziehung in Einklang setzt.

Es kommt vor, daß ein 15jähriger, der bisher harmlos und ziemlich mutig in der Gemeinschaft seiner Altersgenossen dahinlebte, plötzlich zu einem Einsiedler und Kopfhänger wird. Die Analyse ergibt dann etwa, daß er zwar den Mut zu Spiel, Sport, Wissenschaft und Technik aufbringen kann, daß er aber nicht wagt, sein Herz aufs Spiel zu setzen. Sein Leitbild heißt „Ein ganzer Mann sein", und damit ist gemeint „handeln, kämpfen, siegen oder ehrenvoll verbluten, aber kein Weib sein, nicht klagen, nicht weich, nicht hilflos sein, keine Sehnsucht haben – und darum nicht lieben." Solange das Leben an seinen Mut nur knabenhafte Ansprüche stellte, war alles in Ordnung. Nun aber, da es den Mut des Herzens von ihm verlangt, muß er versagen. Er vermag nicht, sich zur Zartheit und zur Innigkeit seines Gefühles zu bekennen. Eines Tages, während der Turnstunde, bekommt er eine Art Ohnmachtsanfall, und nach einer Krisis von drei oder vier Tagen ist er wie umgewandelt. Er ist aktiv und froh wie früher, aber außerdem ist etwas Ernsteres, Ruhigeres und Entschlosseneres in seinem Wesen, das vorher nicht zu bemerken war. Erst ein Jahr später erzählt er seinem Erzieher, daß am Anfang jener Turnstunde das Lied gesungen wurde „. . . und dennoch hab' ich starker Mann die Liebe auch gespürt . . .". Es sei ihm plötzlich klar geworden, daß lieben, weich sein, hilflos sein und leiden auch zu einem „starken Manne" gehöre. Und da sei für ihn gleichsam eine Tür aufgegangen.

Das weitere Gespräch ergab die ganze Schwere und Verantwortlichkeit dessen, was man „Jugendliebe" zu nennen pflegt. Die Jugendliebe ist – für den Mutigen – kein leichtes Schäferspiel, kein stürmisches Abenteuer und kein phantastischer Weltschmerz, sondern die klare, mutige Einsicht, daß zwei Menschen tief miteinander verbunden sind, trotzdem sie räumlich weit getrennt sein mögen. Sie ist das Erlebnis, daß diese Verbundenheit eine ungeahnte Lebendigkeit und eine ungeahnte Steigerung allen Verstehens, aller Einfühlung und aller Willensspannungen entstehen läßt, und vor allem das Erlebnis, daß „lieben" gleichbedeutend sein muß mit „warten". — Denn was wäre es für eine Liebe, die voreilig dem geliebten Wesen seinen Lebensweg zerstören würde. Lieben macht sehend, nur die ichhafte Verliebtheit macht blind. Und wer frühzeitig lieben lernt, wird wach und hell, mit Leid und Glück beladen, den langen, schweren Weg durch seine eigene Entwicklung gehen, der ihn vielleicht erst in zehn langen Jahren zu seinem Ziele kommen läßt.

Die Aufgabe des Erziehers besteht in der lebendigen Einordnung der neu keimenden Gemeinschaftsfähigkeit (zwischen Knabe und Mädchen) in das schon bestehende Gemeinschaftserlebnis der gleichsam geschlechtslosen Altersgenossen. Wo dies nicht gelingt, zerbricht dasjenige, was von der letztgenannten Gemeinschaft bestand, an der neu entstehenden erstgenannten, die aber dann auch nicht zur Entfaltung kommt. Es ist die typische Tragödie der Jugendbewegung: die Gruppe zerfällt, sobald sich Paare bilden, aber die Paare haben keinen Bestand. – Gelingt aber diese Aufgabe, so entsteht eine außerordentlich lebendige neue Gemeinschaft, in der als Elemente erstens die Paare und zweitens *die* Männer und *die* Frauen selbständige Kollektivsubjekte sind. (Man findet derartiges in manchen politischen und religiösen Gruppen.) Die Leistungsfähigkeit eines solchen doppelt organisierten Kollektivsubjektes ist so erstaunlich groß, daß man geneigt sein könnte, ein wesentliches Ziel aller Erziehung in der Herstellung derartiger Gemeinschaftsfähigkeit zu erblicken.

Man muß die heranwachsende Jugend nicht nur lesen, schreiben, rechnen, denken, sondern vor allem und ganz besonders auch das Lieben lehren. Das aber würde heißen, daß jede Erziehung schlecht ist, der es nicht gelingt, die starken und schöpferischen Kräfte, die in der Reifezeit neu hervortreten, für den lebendigen Zusammenschluß der menschlichen Gesellschaft fruchtbar zu machen.

Die Regel, die freilich für diese schwere Aufgabe noch weniger ausreichen dürfte, als die bisher genannten Regeln für ihre Zwecke ausreichten, würde lauten: *Das Schwanken, die Vergrößerung oder die Verringerung des Mutes und der Lebendigkeit, die man in der Reifezeit beobachten kann, läßt sich immer zu einer besseren Einfügung des Jugendlichen in die menschliche Gemeinschaft nutzbar machen. Die neu entstehende Gemeinschaftsfähigkeit muß sich frei und offen zur verantwortlichen und klar erkannten Liebesgemeinschaft (zur Verlobung und schließlich zur Ehe) entwickeln können. Wer diese Entwicklung hindert, unterstützt die Verirrung in die lebenswidrigen Formen des Muckertums (der Selbstbefriedigung) und der Abenteurer (des Donjuanismus). Wer sich aber nicht zutraut, die Entwicklung seiner Zöglinge so zu leiten, daß sie lieben lernen, trotzdem sie auf das körperliche Liebeserlebnis warten müssen – der suche den Fehler bei sich selbst.*

DRITTER TEIL: SELBSTERZIEHUNG

Siebentes Kapitel

Einsicht

§ 19

Die Schicksalszange

Alle Fragen der Erziehung münden in die Frage der Selbsterziehung. Aller Kampf gegen die Fehler der Welt muß, wenn er zum Erfolg führen soll, zu einem Kampf gegen die eigenen Fehler werden. Nur wer über seine eigenen Schwächen hinauswächst, wird den Weg finden, der aus den Schwächen der Welt hinausführt. Alle Fehler, Schwächen und Irrungen, die dem Einzelmenschen innewohnen, lassen sich aber, wie schon gezeigt worden ist, auf seine Ichhaftigkeit zurückführen. Und die fundamentale Aufgabe der Selbsterziehung läßt sich daher bezeichnen als die Aufgabe, seine eigene Ichhaftigkeit zu überwinden.

Das wichtigste Symptom der Ichhaftigkeit ist die innere Vereinsamung, der Mangel an Verbindungen von Herz zu Herz. Alle anderen Nöte und Leiden, wie etwa die Freudlosigkeit, die Verödung der Ziele und vor allem das häufigste und schwerste Symptom der Verirrung, nämlich die Angst, stellen sich bei genauerer Nachforschung als die direkten oder indirekten Abkömmlinge der inneren Vereinsamung dar. Außerdem bildet die Vereinsamung insofern eine Ausnahme unter den Erscheinungen der Ichhaftigkeit, als sie unmittelbar und unverfälscht ins Bewußtsein tritt, während die anderen Symptome meist durch mancherlei Selbsttäuschungen bis zur Unverständlichkeit entstellt werden. In der Vereinsamung aber liegt alles klar zutage.

Nur eine einzige Täuschung erschwert hier den Weg der Selbsterziehung und verhindert, daß die Lawine der inneren Umwälzung ins Rollen gerät. Man mißt nämlich die Schuld für seine eigene Vereinsamung nicht sich selber sondern den Mitmenschen zu. Indessen ist auch diese Ansicht nicht vollständig irrig. Denn in Anbetracht der vorhin erörterten Entstehungsgeschichte aller menschlichen Ichhaftigkeit sucht man die Gründe für die ichhafte Not des Einzelnen am richtigsten weder bei ihm selber noch freilich auch bei seinen Nächsten (die seinerzeit den „Vertrauensbruch" herbeigeführt haben), sondern bei der gesamten Menschheit, an deren gesamter Ichhaftigkeit jeder von uns teilhat. Dadurch ist die Schuldfrage hinsichtlich der Vergangenheit so weit zurückgeschoben, daß sie nicht mehr in einen Teufelskreis hineingezogen werden kann; und die Frage nach der Verantwortung für die Gegenwart und Zukunft tritt in den Vordergrund. – Es ist einerlei, wer dich seinerzeit in die Vereinsamung hineingetrieben hat; ob und wie du jetzt aus dieser Vereinsamung wieder herauskommst, ist auf jeden Fall deine eigene Sache.

Freilich gibt es ziemlich viele Menschen, die ihre Vereinsamung zwar kennen, die aber keineswegs an ihr leiden. Sie sind vielmehr recht zufrieden mit diesem Tatbestand und wissen meist auch kluge Gründe dafür anzugeben. Sie behaupten etwa, daß nur der einsame Mensch etwas schaffen könne, was die menschlichen Durchschnittsleistungen übersteige; oder sie behaupten, daß alles Übel daher rühre, daß die Menschen sich zu nahe aneinander drängen; oder sie behaupten, daß es unter den Menschen, wie in manchen Tiergattungen, Einzelgänger und Herdentiere gäbe. – Alle diese Standpunkte haben in der Dichtung und in der Philosophie beredte Verteidiger gefunden. Und trotzdem läßt das Leben sie auf die Dauer nicht gelten. Immer wieder zeigt sich, daß man ganz gut einige Jahre und mit einiger Mühe auch einige Jahrzehnte in der Vereinsamung leben kann, daß dann aber eines Tages, oder richtiger gesagt eines Nachts, die ganze Trostlosigkeit einer solchen Lebensführung hervorbricht. Plötzlich wird es offenbar, daß das Leben ohne Liebe, und das heißt ohne Gemeinschaft und ohne unmittelbare Verbindung von Herz zu Herz, stets ein sinnloses Leben sein muß. – Aber die (gelegentliche) zeitweise Einsamkeit darf nicht mit der (zwangsläufigen) grundsätzlichen Vereinsamung verwechselt werden.

Einzelne Formen des vereinsamten Lebens lassen sich freilich länger ertragen, weil sie wenigstens den Schein der Gemeinschaft in sich aufgenommen haben. Wer etwa als dienendes Glied oder auch als Führer in einer Organisation oder in einer größeren Familie dahinlebt, kann seine Arbeit, seine Gedanken und scheinbar sogar auch seine Gefühle in den Dienst der Gemeinschaft stellen. Im entscheidenden Augenblick würde sich aber doch zeigen, daß der Gipfel seiner

Zielpyramide durchaus ichhaft ist, und daß seine Aufopferung für die anderen nur ein Mittel darstellt, das die Befriedigung seines eigenen Geltungsbedürfnisses bezweckt. Und von da an würde seine Vereinsamung unerträglich werden. – Es ist die Einstellung des christlichen Pharisäers und des modernen Schein-Sozialisten.

Aber es ist gleichgültig, in welchem Zeitpunkte des Lebens, in welcher Weise und in welchem Grade man sich der Tatsache bewußt wird, daß Vereinsamung Leiden bedeutet, daß dieses Leiden aus der Ichhaftigkeit entspringt und daß dies Leiden verschwinden würde, wenn sich die Ichhaftigkeit abbauen ließe. Das Entscheidende ist das Erlebnis der Schicksalszange. Wer nämlich den eben dargelegten Zusammenhang in sein Bewußtsein aufzunehmen wagt, ist unentrinnbar einem Entweder-Oder verfallen, das ihn wie eine Zange zu pressen beginnt. Entweder er bleibt ichhaft und nimmt alle Leiden, die sich weiterhin entwickeln werden, widerspruchslos mit in Kauf, oder er versucht, auf seine Ichhaftigkeit zu verzichten. Etwas Drittes ist nicht mehr möglich.

Indessen steht man nun vor der Frage, auf welche Weise man ein Verhalten, eine Reaktionsform oder eine Angewohnheit, die man als fehlerhaft oder schädlich erkannt hat, aus der Welt schaffen kann. Zunächst wird man versuchen, sich zu beherrschen, und man wird nur wenig oder gar keinen Erfolg damit haben. Dann wird man durch einen Appell an die eigene Vernunft weiterzukommen hoffen, aber wiederum ohne Erfolg; und schließlich wird man vielleicht darauf verfallen, sich selbst einzureden, daß man anders sei, als man wirklich ist; und auch dieses Mittel wird versagen. Weder die Willensübung, noch die Gedankenänderung (Autosuggestion), noch die Beeinflussung des Gefühls bildet einen brauchbaren Weg, der zur Änderung des eigenen Charakters führen könnte. Helfen kann hier nur eins, nämlich der Übergang von der Mutlosigkeit zum Mut, von der Drückebergerei zur Verantwortlichkeit und von dem nur Objektsein- oder Subjektseinwollen zum gleichzeitigen Subjekt- und Objektsein.

Dieser Übergang stellt gleichzeitig eine Änderung des Willens, der Gedankeninhalte und der Gefühle dar; er betrifft also nicht einzelne Teile des Seelenlebens und läßt sich auch nicht auf einzelnen Teilgebieten herbeiführen, sondern er betrifft den ganzen Menschen und kommt nur zustande, wenn eine unentrinnbare Not den ganzen Menschen ergreift und ihm jeden anderen Ausweg unmöglich macht. – Freilich wird diesen Vorgang der eine mehr als eine Einsicht, der andere mehr als eine Willensänderung und der dritte mehr als eine Umstellung des Gefühls erleben. Aber das sind nur die Bilder, in denen der Einzelne sich Rechenschaft zu geben sucht. Das Wesentliche liegt jenseits von allem sprachlichen Ausdruck; es kann nur andeutungsweise als Bekehrung, Umkehr, Reifung, Wachstum und Entwicklung bezeichnet werden.

Aber der Weg, der durch diese Not in den Reifungsprozeß hineinführt, läßt sich des Genaueren beschreiben, wenn man nur im Auge behält, daß es sich nicht um seelische Teilerscheinungen (nicht um Gedanken und nicht um Gefühle) handelt, sondern daß hier jeder einzelne kleine Schritt schon eine Veränderung der menschlichen Gesamtpersönlichkeit bedeutet. Der erste Schritt läßt sich dann am besten wieder mit dem alten Wort „Einsicht" benennen, das nun aber nicht mehr im Sinne eines nur verstandesmäßigen Teilvorganges mißverstanden werden wird.

Der Mensch, der an seiner Vereinsamung leidet, muß die Einsicht erlangen, nicht nur daß, sondern auch auf welche Weise seine Vereinsamung durch seine Ichhaftigkeit bedingt ist. Er wird etwa bemerken, daß er nicht ertragen kann, wenn andere Menschen ihn kritisieren. Je empfindlicher er gegen Einwände, Kritik und Belehrungen ist, um so mehr wird er sich gezwungen sehen, jeden Verkehr zu meiden, der derartige Unannehmlichkeiten mit sich bringen kann. Ist seine Ichhaftigkeit noch größer, so erlaubt sein Geltungsbedürfnis vielleicht schon nicht mehr, daß jemand einen harmlosen Scherz mit ihm macht. Alle Menschen werden ihm unerträglich sein, die ihn nicht von vornherein als unfehlbar anerkennen; und er wird daher nur noch mit den wenigen Menschen Umgang haben, die bereit sind, seine Empfindlichkeit zu schonen und ihn zu behandeln wie ein rohes Ei. Und wenn er solche Menschen nicht findet, muß er sich mit Hunden und Katzen begnügen.

Aus dieser Einsicht erwächst die Zwangslage: Entweder man erträgt die Vereinsamung, oder man stellt sich innerlich so ein, daß man auch Kritik, Belehrung und Korrektur erträgt, ohne darin ein Todesurteil zu sehen. Etwas Drittes ist nicht mehr möglich. – Es fragt sich dann nur, wie man zu der weiteren Einsicht gelangt, daß eine solche Kritik kein Todesurteil ist, daß sie also kein Minderwertigkeitsgefühl hervorzurufen braucht, daß die unverlierbare Menschenwürde durch sie nicht verlorengeht. Es versteht sich von selbst, daß diese Aufgabe leichter ist als die vorhin genannten (z. B. die Selbstbeherrschung), weil sie nicht mehr die geheimnisvolle Kluft zwischen Ichhaftigkeit und Leiden, sondern den verständlichen und sinnvollen Zusammenhang zwischen Geltungsbedürfnis und Empfindlichkeit zum Gegenstand hat. Indessen stellen sich der Lösung dieser Aufgabe auch jetzt noch erhebliche Schwierigkeiten in den Weg, von denen später die Rede sein soll.

Die Regel, die sich zunächst ergibt, lautet: *Wer sich in einem Leidenszustand befindet, frage nicht, durch welche äußeren Umstände, sondern durch welche falsche innere Einstellung sein Leiden bedingt ist. Er suche den Zusammenhang zwischen diesem Leiden und seiner Ichhaftigkeit. Und je genauer und handgreiflicher er den Zusammenhang aufdeckt, um so leichter wird es ihm werden, die Übelstände zu beseitigen. Und je weniger Erfolg er bei diesen Bemühungen hat, um so mehr kann er annehmen, daß er sich in Hinsicht auf die fraglichen Zusammenhänge irrt. — Wer hier steckenbleibt, hat nicht genug gelitten.*

§ 20

Der Schicksalsspiegel

Es ist nicht allzu schwer, die schwachen Punkte in den Charakteren der Mitmenschen herauszufinden, wenn man Gelegenheit hat, diese Mitmenschen im Umgang miteinander zu beobachten. Besonders wer die eingangs dargelegten Grundbegriffe der Charakterkunde anzuwenden weiß, wird sehr rasch sehen, wo die schwache Stelle (das Minderwertigkeitsgefühl) und wo der Ausgleich (das Geltungsstreben) in jedem beliebigen Charakter zu finden ist. Unendlich viel schwerer ist es aber, diesen Grad von Einsicht, der doch noch gar keine besondere Leistung an Menschenkenntnis erfordert, in Hinsicht auf seinen eigenen Charakter zu erreichen. Hier steht nämlich die Tendenz zur Selbsttäuschung im Wege, die eine sachliche Beurteilung des eigenen Leitbildes und der eigenen Leitlinien verhindert. Es gehört gleichsam zur Politik der Ichbewahrung, daß die Ichhaftigkeit ihrem eigenen Träger nicht ins Bewußtsein treten darf. Und selbst derjenige, der sich zu seiner Ichhaftigkeit bekennt (einerlei, ob er mit ihr einverstanden ist oder sie zu bekämpfen behauptet), kennt seine Ichhaftigkeit tatsächlich doch nicht. Er sieht ihre inneren Zusammenhänge und ihre Folgen nicht deutlich, denn sonst würde sein Ich unter dieser Verantwortung zusammenbrechen — und das wäre der erste Schritt zur Sachlichkeit.

Die nächste Aufgabe der Selbsterziehung besteht nun darin, daß man die Einsichten der Charakterkunde, die man bei der Beurteilung anderer übt, trotz der eben geschilderten Schwierigkeiten und Widerstände auf den eigenen Charakter anzuwenden lerne. Das ist aber nur möglich, wenn gleichzeitig ein so starkes Interesse an dieser Selbsterziehung besteht, daß das (unbewußte) Interesse der Ichhaftigkeit an ihrer Selbstbehauptung dadurch überwunden werden kann. Das

Interesse an der Selbsterziehung wird aber um so größer, je mehr man zu der Einsicht durchdringt, daß nur die Selbsterziehung zur Überwindung der Lebensnöte führen kann, und daß die Mangelhaftigkeit, Falschheit oder das Fehlen dieser Selbsterziehung mit unentrinnbarer Notwendigkeit in die Qualen eines lebendigen Totseins hineinführen muß. — Diese Einsicht aber ergibt sich wiederum aus der eingehenden Beobachtung fremder Schicksale. —

Man findet häufig Menschen, die scheinbar menschenfreundlich und sachlich eingestellt sind, die aber in ihren Äußerungen ein klein wenig zu viel Wert auf das Wort „Ich" legen. Man könnte fast eine Statistik aufstellen über die Häufigkeit dieses Wortes, und man könnte daraus Schlüsse ziehen auf den Charakter dessen, der sich so ausdrückt. Es ist ein feiner Unterschied, ob man etwa sagt: „Bei einer Untersuchung des jugendlichen Verbrechertums darf die Wohnungsnot nicht unberücksichtigt bleiben", oder man sagt: „Wenn ich das jugendliche Verbrechertum untersuchen will, darf ich die Wohnungsnot nicht unberücksichtigt lassen." Und der gleiche Unterschied findet sich selbstverständlich auch im Ton, in der Gefühlsfärbung und — wenn auch noch so sorgfältig verborgen — im weltanschaulichen Hintergrund des Sprechenden. Es braucht nicht erwähnt zu werden, daß das gleiche noch in weit stärkerem Maße für diejenigen gilt, die nicht von „der Jugend" sondern von „ihrer Jugend" erzählen, und die nicht die tatsächlich vorhandenen Zustände in Nordamerika oder Jerusalem schildern, sondern die „eigenen Erfahrungen", die sie dort gemacht haben.

Das Wichtigste aber ist nicht die Feststellung der Ichhaftigkeit, von der alle derartigen geltungsbedürftigen Äußerungen diktiert sind, sondern die Feststellung, daß diese Äußerungen nicht auf die Dauer ihren Zweck erfüllen. Sie wecken bestenfalls im Augenblick eine Art von Staunen, Interesse oder Sympathie; aber sie werden rasch vergessen, ihre Wirkung ist nicht nachhaltig, und sie erregen ausgesprochenen Widerwillen, wenn sie öfter wiederholt werden. Jemand, der immer wieder von seinen Reisen erzählt oder der immer wieder sein Steckenpferd vorführt (mag er es noch so sachlich gesattelt haben), wird auf die Dauer den sachlichen Zielen, für die er angeblich kämpft, ebensosehr schaden mit dem unsachlichen Ziel, für das er unbewußt sich müht, nämlich der eigenen Geltung. Und auch hier gilt das Größenverhältnis: je stärker das Geltungsbedürfnis ist, und je krasser die Mittel sind, deren man sich bedienen muß, um so deutlicher macht sich die entgegengesetzte Wirkung bemerkbar. Wer immer und überall den Alkohol anklagt, schadet nicht nur der Antialkoholbewegung, sondern er macht sich selber lächerlich und darf sich nicht wundern, wenn er nicht mehr angehört wird, wenn seine Freunde ihn verlassen, und wenn der lebendige Fortschritt rücksichtslos über ihn hinweggeht.

Wenn man auf Grund derartiger Studien die Überzeugung gewinnt, daß die Ichhaftigkeit auch in ihren verstecktesten Formen unweigerlich zu Mißerfolg, Qual und Verbitterung führen muß, wird man bereit sein, nicht nur seine eigene Eitelkeit, sondern auch seine liebsten, scheinbar sachlichsten Ziele einer gründlichen und immer wiederholten Kritik zu unterziehen, um auf diese Weise dem Schicksal der vom Leben Ausgestoßenen zu entgehen. Man kann dies zunächst in einer sehr theoretischen Weise versuchen, indem man sich am Abend überlegt, wie oft man am Tage das Wort „Ich" gebraucht oder wenigstens gemeint hat, wie viele ichhafte Affekte (Unwillen, Zorn, Gereiztheit, Stolz, Triumph und dergleichen) von seinem eigenen Minderwertigkeitsgefühl und seinem eigenen Geltungsbedürfnis Kunde gegeben haben, und wo die empfindlichen Stellen sitzen mögen, deren Verletzung schon zur Notwehr und zur Mobilmachung der Affekte geführt haben. — Aber eine solche Gewissenserforschung dringt nur bis an die Grenze jener ichhaften Widerstände vor, von denen vorhin die Rede war.

Man hat etwa in einer Gesellschaft oder gar in einem Vortrag eine lange Geschichte aus der eigenen Kinderzeit erzählt. Das Gewissen fragt, ob hier nicht ichhafte Interessen mit im Spiele waren, und das Ich, sorgfältig versteckt unter der Maske der Sachlichkeit, verkündet den Freispruch: „Nein es war sachlich, man konnte an dieser Stelle nicht eindringlicher und gründlicher der Sache dienen, als durch das Bekenntnis aus der eigenen Kinderzeit. Ja, es war sogar ein Opfer, ein Verzicht auf ichhafte Schamhaftigkeit, es war eine durchaus sachliche Leistung." — Wer auf diese oder eine ähnliche Art in theoretischem Moralisieren steckenbleibt, ist schon dem Teufel auf den Leim gegangen.

Er wird bald erkennen, daß seine Erzählung höchstens einen Augenblickserfolg gehabt hat. Und er wird sich fragen müssen, warum seine angeblich gutgemeinten Bemühungen keine nachhaltigere Wirkung tun. Jemand, der Jahr um Jahr Vorträge hält, Kurse veranstaltet oder von der Kanzel herab Gottes Wort verkündigt, muß sich immer wieder fragen, warum so außerordentlich wenig wirkliches, lebendiges Leben aus seiner Arbeit hervorwächst. Und er muß sich immer wieder sagen, daß er die Schuld nicht auf die zu große Ichhaftigkeit seiner Hörer abwälzen darf. Denn diese Ichhaftigkeit zu studieren, aufzudecken und die Mittel zu ihrer Überwindung zu finden und anzuwenden, wäre doch gerade seine Aufgabe gewesen. Es wird ihm nichts übrigbleiben, als die Ursache für seine Erfolglosigkeit in seiner eigenen Ichhaftigkeit, in seinem eigenen

Geltungsbedürfnis und seiner Wichtigtuerei aufzuspüren. Er wird an seinen eigenen Früchten sich selber erkennen müssen; oder wenn er es vorzieht, die ichhafte Maske der Scheinheiligkeit aufrechtzuerhalten, wird er dulden müssen, daß das Leben unerbittlich über ihn hinweg zur Tagesordnung übergeht.

Die Regel lautet: *Wer ichhaft ist, ist es in seiner großen Arbeit genau so wie in den kleinen Dingen des täglichen Lebens. Er kann aus seiner Einwirkung auf die Menschen in jedem beliebigen Gespräch genau so gut wie aus dem Endergebnis seiner Lebensarbeit ablesen, ob er ein Schaumschläger und Komödiant, oder ob er ein sachlicher Arbeiter ist. Die Selbstbeurteilung und die Beurteilung durch andere darf nicht maßgebend sein. Der einzig gültige Maßstab ist die Abnahme oder Zunahme in der Ichhaftigkeit derer, mit denen man zu tun hat. Gelingt es, ringsum Sachlichkeit zu verbreiten, so darf man annehmen, daß man die eigene Ichhaftigkeit eingeschränkt hat. Wächst die Ichhaftigkeit der anderen, so ist der eigene Mangel an Sachlichkeit daran schuld. — Die Früchte, die wir bringen, sind der Spiegel, aus dem wir unser Schicksal ablesen können — wenn wir nicht auch dazu noch zu ichhaft sind.*

§ 21

Das wahre Gesicht

Wer sich im Spiegel seiner Wirksamkeit betrachtet, wird zweifellos Grund zur Unzufriedenheit haben. Aber wenn er auch geneigt sein sollte, seine Mißerfolge mit seiner Ichhaftigkeit in Zusammenhang zu bringen, wird er sich doch immer wieder bei einem sehr charakteristischen Versuch der Ehrenrettung ertappen können. Er wird nämlich immer wieder denken: „Ich würde meine Ichhaftigkeit überwinden und alles würde gut werden, wenn ich nur an dieser einen kleinen Stelle etwas günstigere Bedingungen hätte. Wenn ich nur 50 Mark im Monat mehr verdiente, wenn nur dieser eine Mensch aus meiner Umgebung verschwände, wenn nur diese eine Tatsache in meiner Vergangenheit nicht wäre, oder wenn dies — oder wenn das ...“ Der Außenstehende merkt leicht, daß hier jemand versucht, der unerbittlichen Folgerichtigkeit seiner Selbsterziehung (zu der das Leben ihn zwingt) aus dem Wege zu gehen. Wer aber selber derartige Gedanken hegt, ist in voller Ehrlichkeit davon überzeugt, daß seine Erwägungen richtig sind und daß an jenem kleinen „Wenn“ sein ganzes Lebensglück scheitert. — Über diesen Punkt hinausgelangen wird er erst, wenn es ihm gelingt, seine eigene (unbewußte) Politik zu durchschauen. Er muß auf die Technik seines Selbstbetruges aufmerksam werden, sonst wird er diesen Selbstbetrug nicht verhindern können.

Die Technik des Selbstbetruges besteht darin, daß die Aufmerksamkeit bei einem seelischen Teilvorgange stehenbleibt, daß die Wichtigkeit des einzelnen Faktors dadurch übertrieben wird und daß schließlich der Eindruck zustande kommt, als ob von dieser einen Einzelheit alle anderen Einzelheiten abhingen – während tatsächlich diese eine Einzelheit genau so wie die anderen Einzelheiten von der Grundeinstellung des menschlichen Charakters bedingt ist.

Wer ein geheimes Interesse daran hat, sich unfrei und gehemmt zu fühlen, wird immer bereit sein, die Ganzheit seines Lebens von einzelnen Teilerscheinungen abhängig zu machen. Wer aber mutig genug ist, sich zu seiner inneren Freiheit zu bekennen, der wird alle Einzelheiten (auch die gefährlichsten und drückendsten) der unendlichen Zweckhaftigkeit seines Lebens einzuordnen wissen; und für ihn wird jede Notlage zu einer Stufe der inneren Reifung werden. –

Ein Mädchen hat aus wirtschaftlichen Gründen mit 16 Jahren die Höhere Schule verlassen müssen. Sie ist Sozialbeamtin geworden, fühlt sich aber in ihrem Wirkungskreis durchaus nicht wohl, klagt oft und bitter über ihr verlorenes Leben, belastet ihre Umgebung durch pessimistische Äußerungen und schlechte Laune und sieht in ihrem Dasein eine einzige große Anklage gegen die Ungerechtigkeit des Schicksals. Im Spiegel ihrer Wirksamkeit erkennt sie deutlich, daß ihre Mißerfolge auf beruflichem und gesellschaftlichem Gebiet unmittelbar aus ihrer Menschenfeindlichkeit hervorwachsen. Aber sie hilft sich in der vorhin angedeuteten Weise: „Wenn ich mein Abiturium hätte machen können, wäre ich etwas anderes geworden. Meine Fähigkeiten hätten sich entfalten können, ich wäre kein Menschenfeind, sondern ein Menschenfreund, mein Mut und meine Tatenfreude würden keine Grenzen kennen, und ich würde meine ständig wachsenden Kräfte erfolgreich in den Dienst der menschlichen Gesellschaft gestellt haben."

Man kann ihr zugestehen, daß ihre Mutlosigkeit durch jene Schicksalsfügung noch verstärkt worden ist. Wäre sie aber nicht schon vorher ein mutloser Mensch gewesen, so hätte sie sich mit dem vorzeitigen Abgang von der Schule ausgesöhnt. Anstatt wie jetzt ständig rückwärts zu schauen, hätte sie den Blick nach vorwärts gerichtet, hätte neue Wege und Möglichkeiten ihrer Entwicklung ausfindig gemacht und hätte trotz aller Hindernisse denjenigen Grad von Lebensentfaltung erreicht, den sie auf dem anderen Wege durch Studium und Examina auch erreicht hätte. Ja, die Überwindung jener Schwierigkeiten hätte ihr wahrscheinlich so viel neuen Mut gegeben, daß sie über die ursprünglichen Ziele hinaus zu einem besonders weiten Wirkungskreise durchgedrungen wäre. Nun war sie aber schon vorher entmutigt. Ihr Lebensproblem, die große Aufgabe ihrer Selbsterziehung, stand schon fest, und wenn sie nicht durch den erzwungenen Abgang von der Schule ihre besondere Gestalt angenommen hätte, würde sie sich durch eine andere Schicksalsgestaltung in eine ganz ähnliche Schicksalszange verwandelt haben. Sie hätte dann in irgendeinem anderen „Wenn" die Ursache für ihre Mißerfolge gesehen. Und hätte auch dann, vielleicht als eine mißgünstige und von ihrer Verantwortung völlig zerdrückte „höhere Beamtin" dem gleichzeitigen Subjekt- und Objektsein zu entfliehen versucht.

Den bündigen Beweis für die Richtigkeit solcher Überlegungen findet man immer, wenn es gelingt, jenes „Wenn" außer Kraft zu setzen. Die eben geschilderte Frau muß sich schließlich eingestehen, daß das nicht gemachte Abiturium unmöglich an allen ihren Leiden schuld sein konnte. Die Behörde fragte sie nämlich, ob sie mit Hilfe besonderer Ausbildungskurse in eine bessere Laufbahn übergehen wollte — und sie fand nicht den Mut dazu.

Zunächst sagte sie sich selbstverständlich, daß es jetzt zu einem solchen Aufstieg zu spät sei. Wenn das Angebot fünf Jahre früher gekommen wäre, hätte sie ihm noch Folge leisten können. Bald aber sah sie ein, daß das nur eine Ausrede war. Ihre Kolleginnen, die zum Teil älter waren als sie, griffen freudig zu, und sie blieb, wie gewöhnlich, mit ihren Einwänden und Bedenken hinter ihnen zurück. Aber begreiflicherweise fand sie auch jetzt noch, und zwar gerade im Gedankenkreise ihrer Selbsterziehung, mit großer Geschicklichkeit diejenigen Entschuldigungsgründe, die sie für ihre Ichbewahrung brauchte. Sie meinte nämlich, daß die frühe Entmutigung, die hohen Anforderungen im Elternhause und die geringe Leistungsfähigkeit ihres kindlichen Organismus die Schuld an allem Unglück trügen. Das eine „Wenn" ließ sich nicht mehr aufrechterhalten, und das andere „Wenn", das die psychologische Forschung ihr in die Hände zu spielen schien, trat nun an die Stelle des ersten. Aber im Grunde blieb die Lage sich gleich. Sie schaute noch immer nach rückwärts und machte andere für ihr Schicksal verantwortlich, um nicht nach vorwärts schauen zu müssen, wo die unentrinnbare Aufgabe stand. Erst als das Leiden über ihr zusammenzuschlagen drohte, wagte sie es, gleichsam im Mute der Verzweiflung, den wirklichen Tatbestand ins Auge zu fassen.

Eine ihrer Kolleginnen erhielt schließlich den Posten, auf den sie selbst verzichtet hatte, und bald darauf war von einer Berufung dieser Kollegin ins Ministerium die Rede. Das war zuviel für das

Geltungsbedürfnis der Mutlosen. Die Gefühle, die sie zweifellos schon immer beseelt hatten, die sie aber bisher noch stets vor sich selbst verheimlichen konnte, brachen nun offen heraus: Neid, Mißgunst und Rachsucht. Sie ertappte sich sogar bei der Vorstellung, daß sie eine Bombe im Keller des Amtsgebäudes zur Explosion bringen könnte. Und die Formel ihres bisherigen Lebens trat ihr plötzlich mit erschreckender Kraßheit ins Bewußtsein: „Die Welt soll untergehen, wenn sie mich hindert, die Erste in ihr zu sein."

Bisher war sie die größte Märtyrerin gewesen. Nun konnte sie selbst nicht mehr an ihr Märtyrertum glauben. Sie war in Gefahr, sich für das zu halten, was die Kolleginnen manchmal im Scherz von ihr sagten, nämlich eine „gekränkte Leberwurst". Sie war in Gefahr, die Wahrheit zu begreifen. Und diesen Sturz vom Märtyrertum zur Leberwurst meinte sie nicht überleben zu können. Es war nur die Frage, ob sie allein, oder ob beide, sie und die Welt zugleich, in dieser Katastrophe untergehen sollten.

Aus der Märtyrerin war eine Verbrecherin geworden! Das bedeutet den Zusammenbruch des ichhaften Leitbildes. Aber ein Kennzeichen desselben blieb noch immer erhalten: die unvergleichliche Einzigartigkeit ihres Schicksals. Als Märtyrerin stand sie auf der allerhöchsten Sprosse der Leiter, als Verbrecherin auf der allertiefsten, in beiden Fällen handelte es sich um ein auszeichnendes Extrem. Und doch konnte sie sich der Einsicht nicht mehr verschließen, daß dies gleichzeitige Sich-erhaben- und Sich-vernichtet-fühlen nur auf einer Selbsttäuschung beruhte. — So brach der schöne Schein zusammen. Der Schleier zerriß, und hinter dem Trugbild der maßlos gesteigerten dramatischen Rolle stand schlicht und bescheiden ein Mensch, der sich, wie alle Menschen, jahrzehntelang über sich selbst getäuscht hatte. Und dieser einfache Mensch mußte, ob er wollte oder nicht, seinen einfachen Lebensweg bis zu Ende gehen.

Wer ernstlich vor der Frage steht, ob er sich selbst oder einem anderen das Leben nehmen soll, der steht im absoluten Schicksal. Er fragt sich schon nicht mehr, ob er den Mut hat, seinem Schicksal standzuhalten oder ob er ihm noch feige aus dem Wege gehen will. Es gibt dann kein Entrinnen mehr. Das Schicksal ist allenthalben um ihn her, ob er dieses oder jenes tut, ob er dieses nicht tut oder jenes nicht tut — er trägt sein Schicksal auf jeden Fall. Alles Wenn und Aber, alle Berufung auf ungünstige Umstände und auf fremde Verschuldung ändert nichts mehr an der Tatsache, daß er jetzt in diesem Augenblick auf eigene Verantwortung seine eigene Tat tun wird. Es muß sich erweisen, daß er ist, wer er ist, und daß er sich den Folgen seines Tuns oder Nichttuns unmöglich entziehen kann. — Hier erlebt er sich selbst im Kern seines Wesens als frei und verantwortlich, als Subjekt zugleich, in seiner wahren Gestalt; und alle Fluchtversuche erscheinen ihm als kindischer Selbstbetrug.

Die Regel heißt: *Wer sich bei dem Versuch ertappt, die Umwelt für sein Schicksal verantwortlich zu machen, der versucht noch immer, Teilvorgänge anstatt sein Gesamtschicksal zum Gegenstande seiner Selbsterforschung zu machen. Er muß sich bemühen, vom Teil zum Ganzen, vom Wenn zum Daß, von den Bedingungen der Vergangenheit zu den Aufgaben der Gegenwart und von den Leitbildern zur wahren Gestalt durchzustoßen. Gelingt ihm das nicht, so hat die Schicksalszange ihn noch nicht richtig erfaßt. Er muß warten, bis das steigende Leiden ihn geneigt macht, auf die Selbsttäuschung seiner Ichhaftigkeit zu verzichten.*

Achtes Kapitel

Eingeständnis

§ 22

Entgiftung

Es fragt sich immer wieder, ob die Charakterkunde heutzutage schon imstande ist, einen gangbaren Weg anzugeben, der den Einzelmenschen ohne fremde (menschliche) Hilfe aus den Nöten seiner Ichhaftigkeit hinausführen kann. Daß der Ausweg in den meisten Fällen mit Hilfe eines Sachverständigen zu finden ist, hat die Psychotherapie in den letzten Jahrzehnten mit immer steigendem Erfolge bewiesen. Wieweit aber die Hilfeleistung des Sachverständigen entbehrlich ist, läßt sich zur Zeit noch nicht eindeutig angeben. Und ebenso unmöglich ist es, Rezepte oder gar Gesetze aufzustellen, mit deren Hilfe dieser schwierigste und unentbehrlichste Teil der Selbsterziehung sicher zum guten Ende geführt werden könnte. Wir müssen uns auch hier darauf beschränken, nur ein Beispiel anzuführen, das die wichtigsten Bestandteile dieses Weges anschaulich darstellt, das aber selbstverständlich in der verschiedensten Weise umgewandelt und erweitert werden müßte, wenn es auch nur einigen wenigen Fällen aus der unerschöpflichen Fülle der menschlichen Charakterformen gerecht werden sollte.

Ein Mann von etwa 30 Jahren, Magistratssekretär Y, verspürt seit einiger Zeit eine immer steigende Abneigung gegen die Teilnahme an den Sitzungen seiner Behörde. Er kennt zunächst den Grund dieser störenden Erscheinung nicht; er bemerkt nur ein Gefühl von Müdigkeit, Lustlosigkeit, Kopfdruck und gelegentlich auch leise anklingende Übelkeit. Im Scherz sagt er zu seiner Frau: „Mir wird schlecht, wenn ich den Stadtrat sehe, und wenn ich seine Sekretärin sehe, schlafe ich ein." Im Ernst aber meint er, daß es sich um körperliche Erschöpfungszustände handelt. Und sein Hausarzt, der von „Neurasthenie" spricht, bestätigt ihn in dieser Meinung. – Sehr bezeichnend ist, daß seine Frau sich zwar verpflichtet fühlt, ihn wegen seiner Nervenschwäche zu bedauern und zu pflegen, daß sich ihr aber immer wieder die Empfindung aufdrängt, als läge in dieser seiner Krankheit eine Kränkung für sie selber.

Die psychologische Selbstbesinnung, unterstützt durch Vorträge und Bücher, die er sich zunutze machte, führte Herrn Y sehr bald zu der Einsicht, daß ihm seit einiger Zeit nicht nur jene Sitzungen, sondern ganz allgemein alle Zusammenkünfte mit Menschen recht unangenehm waren. Aber es gab Abstufungen, die sich ihm als eine Leiter darstellten: Das höchste Glück war ihm die Einsamkeit; danach kam das Zusammensein mit seinen beiden Kindern; dann das Gespräch mit einem vertrauten Freunde; dann der Besuch bei seiner Mutter; dann der Bierabend in seinem Kegelklub; dann (erst!) das Zusammensein mit seiner Frau; dann die Arbeit in seinem Büro; und dann, auf der untersten Stufe der Leiter, die Sitzungen, die in Gegenwart des Vorgesetzten stattfanden.

Während er zunächst noch annahm, daß diese „Menschenscheu" erst eine Folgeerscheinung seiner angeblich körperlich bedingten Nervenschwäche darstelle, kam er nunmehr doch (im Gegensatz zur Meinung seines Arztes) zu der Überzeugung, daß die Menschenscheu das erste und die nervösen Symptome das zweite waren. Freilich bemerkte er auch, wie diese Symptome wiederum zur Verstärkung der Menschenscheu beitrugen, und daß ein geschlossener Kreis entstand: „Weil die Menschen mir widerlich sind, macht mir der Ärger über sie körperliches Unbehagen; und weil der Ärger über sie mir körperliches Unbehagen macht, sind sie mir widerlich;" – das ist der Teufelskreis. – Daß aber die Menschenscheu in diesem Zusammenhang das erste (die Ursache des anderen) und nicht das zweite (die Wirkung des anderen) darstellt, geht in genügender Deutlichkeit aus der vorhin geschilderten Stufenleiter hervor.

Denn eine körperliche Nervenschwäche könnte in ihren Auswirkungen nur von äußeren (mechanischen) Ursachen abhängen. Sie könnte etwa so beschaffen sein, daß die Gegenwart vieler Menschen schlechter vertragen wird als die Gegenwart einzelner. Das aber ist nach jener Stufenleiter ausdrücklich nicht der Fall. Der Grad des körperlichen Unbehagens hängt offensichtlich von seelischen Bedingungen ab, und es fragt sich nun, welcher Art diese seelischen Bedingungen sind. — Damit gelangte Herr Y um einen wichtigen Schritt näher an die zentrale Aufgabe seiner Selbsterziehung heran.

Lange Zeit konnte er nicht begreifen, warum jene Stufenleiter gerade so und nicht anders geordnet war. Schließlich aber wurde ihm sein Zustand so lästig, daß er bereit war, gegebenenfalls auf große Stücke seiner „Überzeugung" oder seiner „Weltanschauung" (und das heißt in unserer Sprache: auf große Stücke seiner Eitelkeit) zu verzichten, wenn er dadurch nur hinter das Geheimnis seiner Menschenscheu käme. Und alsbald entdeckte er einen Zusammenhang, der so einfach war, daß man sich wundern konnte, warum er nicht schon längst entdeckt wurde — den aber die ichhaften Widerstände bisher vor den Augen der Selbstkritik des Herrn Y sorgsam verborgen hatten. Der Zusammenhang lautete: „Ich will nicht kritisiert sein. Je größer die Gefahr ist, daß man kritisiert, und je weniger ich die Möglichkeit habe, meine angegriffene Ehre in ihrem vollen Glanze wiederherzustellen — um so unbehaglicher ist mir zumute. Am schlimmsten ist diese Gefahr einer Kritik in jenen Sitzungen, am zweitschlimmsten bei der Büroarbeit, am drittschlimmsten (leider) vor den unbestechlichen Augen meiner Frau — und am besten geht es mir, wenn ich allein bin!"

Diese Einsicht wirkte zunächst wie eine Erlösung. Es schien sogar, als ob die Menschenscheu etwas nachlassen wollte. Bald aber trat der alte Leidenszustand wieder auf, und Herr Y sah sich gezwungen, auf dem Wege seiner Selbsterziehung um einen weiteren Schritt vorwärtszugehen. Er mußte sich fragen, warum er denn jeder Kritik gegenüber in so seltsam hohen Grade empfindlich geworden war, und er fand, daß diese Empfindlichkeit zwar schon immer vorhanden war, daß sie aber seit etwa zwei Jahren merklich zugenommen hatte. Und als er überlegte, welche Änderung in seinen Lebensbedingungen vor etwa zwei Jahren eingetreten war, fiel ihm ein, daß damals seine Frau die ersten kritischen Bemerkungen über seine Charaktereinstellung zu äußern gewagt hatte. Bis dahin war sie ihm gefügig und bewundernd überallhin gefolgt. Wenn er sich über seine Mitarbeiter oder seine Vorgesetzten entrüstet hatte, war es ihr Bestreben gewesen, ihn zu trösten und seine gekränkte Selbstachtung möglichst rasch wiederherzustellen. Darum hatte sie ihm recht gegeben und ihn für schuldlos erklärt, auch wenn er sich zweifellos im Unrecht befand. Allmählich aber, als die Kinder nicht mehr ihre ganze Arbeitskraft und geistige Frische aufzehrten, war sie zum Nachdenken über sich und ihre Ehe gekommen. Sie hatte gemerkt, daß sie ihrem Manne einen schlechten Dienst erwies, wenn sie ihn immer und überall, auch gegen ihr besseres Wissen, unterstützte und bestätigte. Sie sah, daß er dadurch immer starrer von seiner Unfehlbarkeit und Unkritisierbarkeit überzeugt wurde. Und darum sah sie sich gezwungen, ihn auch ihrerseits manchmal auf seine Fehler aufmerksam zu machen — das aber empfand er als Verrat.

Als Herr Y diese Wendung in seinem ehelichen Leben nunmehr zurückschauend noch einmal überdachte, fiel es ihm wie Schuppen von den Augen. Er begriff, daß jener oft besprochene und oft beklagte „Verrat" durchaus nicht ein Abfall des letzten, treuen Vasallen, sondern vielmehr ein sehr gut gemeinter und sehr nützlicher Versuch war, ihm die Augen zu öffnen. Es kam ihm jetzt vor, als habe er bisher im Schlafe gelebt. Er hatte sich tatsächlich immer und überall so gebärdet, als ob er der unfehlbare und unkritisierbare Herr der Schöpfung sei. Seine Pflichttreue, sein Fleiß im Amt und sein tadelloser Lebenswandel, die allenthalben Anerkennung fanden, hatten ihn in dieser Selbsteinschätzung noch bestärkt. So fand er es weder wunderlich noch bemerkenswert noch bedenklich, daß seine Frau ihn überall und immer gelten ließ. Er ahnte nicht, daß sie ihn durch ihre falsch angewandte Liebe nur immer tiefer in seine falsche (aber unbewußte) Selbsteinschätzung hineingedrängt hatte. Darum mußte er die Änderung im Verhalten seiner Frau, die in Wirklichkeit nur eine Steigerung ihrer Liebe und ihrer Pflichttreue und freilich auch eine Steigerung ihres Mutes bedeutete, irrtümlicherweise für eine Minderung ihrer Liebe ansehen. Denn er vermochte nur die Minderung ihrer Gefügigkeit und Untertänigkeit, nicht aber die dahinter verborgene wachsende Einsicht zu erkennen.

Was ihm bisher als Unrecht von seiten seiner Gattin erschienen war, erschien ihm nun als sein eigenes Unrecht. Und die Schuld an den ehelichen Spannungen und Mißlichkeiten der letzten Jahre, die er bisher seiner Gattin zugemessen hatte, mußte er nun sich selber zuerkennen. So verloren alle die Kämpfe nachträglich ihre Bitterkeit. Was übrigblieb, war nur ein tiefes Bedauern über die eigene Blindheit und ein ehrliches Bemühen, diese Blindheit nun so schnell wie möglich aus der Welt zu schaffen.

Für einen Augenblick tauchte zwar die Gefahr auf, daß die Gattin, als von vornherein die Mutigere und Wissendere, nun in seiner Einschätzung ein Übergewicht bekam, das die Schwierigkeiten eher verstärkte als verminderte. Aber diese Gefahr war in demselben Augenblick überwunden, in dem die Einsicht sich durchsetzte, daß mit der Entgiftung der Ehe auch die Entgiftung der übrigen Probleme zu erwarten stand. Daß man sich hier, wie so oft im Leben, geirrt hatte, erschien nun als ein Teil des allgemeinen Menschenschicksals, dem niemand entgeht, und das niemanden schändet; und man konnte sich mit frischem Mut an die Aufgabe heranmachen, diesen Irrtum mit allen seinen Folgen endgültig zu überwinden.

Die Regel lautet: *Wer in Schwierigkeiten gerät und zunächst seine Umwelt (Menschen und Dinge) dafür verantwortlich macht, der muß sich fragen, warum er selbst nicht imstande sein soll, diese Menschen und Dinge zu ändern oder aber sich selbst so zu den Dingen einzustellen, daß die Schwierigkeiten verschwinden. Und besonders wenn ein Übelstand, der der Vergangenheit angehört, verantwortlich gemacht wird, muß die Frage auftauchen, warum man nicht anpassungsfähig und produktiv genug ist, um diesen Übelstand in einen Vorteil zu verwandeln. Wer beharrlich in dieser Weise gegen sich selbst verfährt, findet schließlich, daß er selbst nicht weniger Schuld trägt als die anderen. Damit ist aus seinem persönlichen Unglück ein Teil des allgemeinen Menschenleides geworden. Vergangenheit und Gegenwart sind entgiftet. Aber jeder einzelne bleibt haftbar für die Irrungen der Gesamtheit. Und die Kräfte, die sich nicht mehr in nutzlosen Anklagen gegen das Schicksal verzehren, werden frei zur Arbeit an der gemeinsamen Verbesserung unseres gemeinsamen Schicksals.*

§ 23

Urszene

Durch die bisher geschilderte Entwicklung trat in der Ehe des Herrn Y eine merkliche Entspannung ein. Das Zusammensein mit seiner Frau war ihm weniger lästig als früher, aber es gab noch immer einige empfindliche Punkte, bei deren Erwähnung er plötzlich beleidigt war und sich still in sich zurückzog. Im Umgang mit seinen Kollegen schien sich ebenfalls eine Besserung bemerkbar zu machen, aber die Empfindlichkeit war auch hier nicht ganz behoben, und vor allem bedeuteten die offiziellen Sitzungen noch immer eine Qual für ihn. Aber diese Qual war jetzt rein seelischer Natur, die körperlichen Symptome waren verschwunden und die Aufgabe hieß: Durch ein weiteres Eindringen in die eigenen Irrtümer auch diese seelischen Übelstände noch überwinden.

Trotzdem nun immer klarer wurde, daß seine Scheu vor dem Kritisiertwerden vollständig sinnlos war, weil ja seiner „Menschenwürde“ dadurch kein Abbruch geschah, verliefen doch seine Empfindungen und Gefühle noch immer so, als ob diese seine Menschenwürde durch jeden Windhauch zu Fall gebracht werden könnte. Er mußte sich also fragen, warum er an seine Menschenwürde, auf die er so außerordentlich viel Wert legte, selber so wenig glauben konnte. Der Mangel an Vertrauen zu sich selbst, zu seinem eigenen Menschentum (das doch trotz aller Irrungen und Fehler immer noch Menschentum bleiben mußte), oder man kann auch sagen sein Vertrauen zum Menschentum schlechthin, mußte nun zum Gegenstand seines Nachdenkens werden.

Freilich wäre er schwerlich ohne die Hilfe seiner individualpsychologischen Bücher zur Lösung dieses Problems durchgedrungen. Und je mehr denkerische Schulung er gehabt hätte, je beweglicher seine Intelligenz gewesen wäre, um so leichter wäre er auf die tendenziösen Irrwege seiner Ichbewahrung abgedrängt worden. Aber die gelegentliche Aussprache mit einem charakterologisch gebildeten Freunde bewahrte ihn vor dieser Gefahr. Und trotzdem er weder die Zeit noch die Übung zu einwandfreien Charakterforschungen hatte (oder vielleicht gerade deshalb), merkte er eines Tages, aus welcher Quelle jener Mangel an Vertrauen stammte.

Er fand eine Spur, und zwar an derjenigen Stelle des bisher aufgedeckten Charakterbildes, die noch eine genauere Erklärung verlangte. Warum war er durch den „Verrat“ seiner Frau gleich auf der ganzen Linie seiner menschlichen Beziehungen empfindlich geworden? Warum begnügte er sich nicht damit, seine Frau zurechtzuweisen oder ihren Tadel abzulehnen? Warum griff die Mißstimmung über auf das berufliche Gebiet, auf dem er sich bisher fast wohlgefühlt hatte? Warum entstand an Stelle einer vorübergehenden Ehescheu sofort eine allgemeine und lang dauernde Menschenscheu? Offenbar hatte jener „Verrat“ einen Knotenpunkt seines Charakters berührt, von dem alle anderen Lebensgebiete abhängig waren. Und schon konnte es keinem Zweifel mehr unterliegen, daß dieser empfindliche und wichtige Punkt die Ichhaftigkeit war.

Seine Geltung, das Prestige, war in Frage gestellt. Und die Art, wie er sich gegen diese Gefährdung zu schützen suchte, bewies mit unausweichlicher Folgerichtigkeit, daß er selbst nicht an seine Haltung glaubte. Daß er von nun ab so sorgfältig und gründlich jeder Kritik aus dem Wege ging, war nur zu verstehen, wenn er tatsächlich (aber ohne es zu wissen) die Furcht hegte, daß durch eine solche Kritik seine tatsächliche Wertlosigkeit zutage kommen konnte.

Hier liegt der Schwerpunkt jeder Selbsterforschung. Es kommt alles darauf an, ob es gelingt, von seinem ziemlich leicht feststellbaren Geltungsstreben zu dem dahinter verborgenen Minderwertigkeitsgefühl vorzudringen; oder im umgekehrten Fall, ob es gelingt, hinter dem leicht erkennbaren Minderwertigkeitsgefühl das verborgene Geltungsstreben aufzudecken. Aber noch einmal sei gesagt, daß dieses „Aufdecken“ nicht als verstandesmäßiger Gedankenvorgang gemeint ist, sondern daß es sich um ein Erleben handelt, um ein „sich selber auf die Schliche kommen“, um ein „sich selbst Entdecken“. – Gelingt dies, so wird nicht nur klar, *daß* ein solcher seelischer Faktor im Charakter wirksam ist (denn das war von vornherein anzunehmen), sondern auch *wie*, in welcher bestimmten, inhaltlich gegebenen Sonderheit er in diesem Einzelmenschen seine Wirksamkeit entfaltet.

Herr Y wußte nun – ungefähr acht Wochen nach den ersten Anfängen seiner Selbsterforschung –, daß er sich im Grunde seines Wesens schon von früher Jugend auf für minderwertig gehalten hatte, trotzdem er bisher niemals auch nur mit einem entfernten Gedanken diesen Tatbestand vor sich oder gar vor anderen zugegeben hätte. Nicht seine bewußte Selbstbeurteilung, sondern seine Handlungsweise bewies ihm die ununterbrochene Wirksamkeit dieses Minderwertigkeitsgefühls. Aber sobald es ihm ins Bewußtsein trat, bemerkte er auch schon den besonderen Inhalt und die Herkunft desselben.

Nach einem langen Hin und Her von wechselnden Stimmungen an einem Tage, an dem er bis zur Arbeitsunfähigkeit gereizt und aufgewühlt war, fühlte er sich plötzlich von einem seltsamen Zorn gegen seine Frau erfaßt. Er verspürte Lust, sie zu schlagen, trotzdem er sich verstandesmäßig sagte, daß sie ihm nicht die geringste Ursache zu einer solchen Aufregung gegeben hatte. Noch einmal merkte er die Neigung, alle Versuche seiner Selbsterziehung für verfehlt zu halten, alle Charakterkunde über Bord zu werfen und die Schuld nicht mehr bei sich, sondern wieder wie früher bei den anderen und insbesondere bei seiner Frau zu suchen. – (Die ichhaften Widerstände führten ihr letztes Aufgebot ins Gefecht.) – Aber die Selbstkritik war schon zu weit vorgedrungen, als daß man ihr noch hätte entfliehen können. Herr Y sagte sich: „Wenn ich jetzt vor mir selber davonlaufe, bin ich selber schuld am Weiterbestehen meiner Menschenscheu und aller körperlichen Übelstände, die mir das Leben verleiden. Also ist das kleinere Übel, wenn ich jetzt versuche, mir den Zahn zu ziehen. Und wenn es nicht gelingt, muß ich zu einem Psychologen gehen, und davor möge Gott mich bewahren!“ – Also versuchte er, den Zahn zu ziehen. Und es gelang. Er sagte sich, daß die Ursache seiner Affekte, und vor allem seines Zornes gegen die Frau, nur in ihm selber liegen könne. Und er merkte schon, daß es ein „vergessenes“ Erlebnis war, das in ihm wühlte, und das ihm den Kopf nicht kosten könne, wenn er sich Rechenschaft darüber ablegte.

Im nächsten Augenblick sah er sich im Kinderzimmer seines Elternhauses am Tisch sitzen. Er hatte ein Gemälde mit Wasserfarben angefertigt und wartete, daß die Mutter, wie sie es zu tun pflegte, seine Leistungen loben sollte. Statt dessen aber stellte sie mit Entsetzen fest, daß er mit seinen Farben den Tisch beschmutzt hatte, und in ihrem Ärger erklärte sie auch seine Gemälde für eine sinnlose Schmiererei. Er war aufs tiefste gekränkt. Vielleicht hatte er sogar gedacht, daß der Fußboden einstürzen würde, und daß sie beide, Mutter und Kind, ins Bodenlose fallen müßten. — Das war der erste Verrat. —

Mit einem seltsamen Gemisch von Traurigkeit und Freude trat nun mühelos die Einsicht ins Bewußtsein: Man zürnt seiner Frau, als ob sie die Mutter wäre und als ob man selber noch das Kind wäre, das damals von der Mutter schlecht behandelt wurde. Man fürchtet noch immer wie damals die Kritik des Erwachsenen, und man fühlt sich in seiner Selbsteinschätzung abhängig von dieser Kritik, als ob man noch immer ein Kind wäre. — Aber es läßt sich nicht leugnen, daß man kein Kind mehr ist, daß man in seinem Wert nicht abhängig ist von irgendwelchen Kritikern, und daß man nicht mehr um die Anerkennung als hochgelobter Maler zu bangen braucht, weil man kein minderwertiger Pfuscher mehr ist, der den Tisch im Kinderzimmer verdorben hat.

Von Stund an fühlte sich Herr Y frei von seinem Minderwertigkeitsgefühl, und sein Innenleben nahm eine deutliche Wendung zum Besseren. Selbstverständlich war jene „Urszene" im Kinderzimmer nicht die eigentliche Ursache seines Minderwertigkeitsgefühls. Die wirkliche Ursache, nämlich die unpädagogische Haltung der Mutter, hatte sich vielmehr über viele Jahre hin erstreckt. Die Urszene bildete nur den dramatisch zusammengeballten Niederschlag aus der immer wiederholten Not des Kindes. Sie war gewissermaßen das Schreckgespenst, das den Mittelpunkt des kindlichen Weltbildes darstellte und das der wichtigsten Leitlinie seines Lebens entsprach. Sorge dafür, daß du nicht die Kritik deiner Nächsten hervorrufst, sonst ist es um deine Geltung ein für allemal geschehen.

Durch das Bewußtwerden und das Außerkrafttreten dieser Leitlinie öffnete sich für Herrn Y die Entwicklung aus einer unfreien und ichhaften zu einer freien und schlichten Charakterhaltung.

Die Regel lautet: *Ein wichtiger (aber nicht unentbehrlicher) Schritt der Selbsterziehung besteht in der Aufdeckung der Urszene, die einen symbolischen Ausdruck des kindlichen Weltbildes und damit den Ausgangspunkt des Leitbildes und der Leitlinien darstellt. Die innere Ausgestaltung der Ichhaftigkeit (Minderwertigkeitsgefühl und Geltungsstreben) findet in der Urszene ihren lebendigen Stoff. Die Entdeckung solcher gefühlsbetonten „Erlebnisse" erleichtert die Überwindung der Ichhaftigkeit sehr stark. Aber diese Aufdeckung ist nur möglich, wenn es gelingt, die ichhaften Widerstände (Zweifel, Mißstimmung und Erfolg) zu überlisten und zum schrankenlosen Eingeständnis der für die Ichhaftigkeit gefährlichsten Zusammenhänge durchzudringen. — Wo dies nicht gelingt, müssen die Folgen der Ichhaftigkeit, die Qualen des Lebens noch weiterhin ertragen werden, bis das Ich sich ergibt.*

§ 24

Verwirklichung

Theoretisch war jetzt der Grund aller Minderwertigkeitsgefühle und auch allen Mißtrauens gegen das eigene Menschentum und gegen das Menschentum überhaupt restlos durchschaut, als Irrtum aufgedeckt und dadurch unwirksam gemacht. Praktisch aber blieb der gewohnte peinliche Verlauf von Empfindungen, Gefühlen und Affekten immer noch fast der gleiche. Trotz dem schon mehrmals bei dem Aufsteigen der geschilderten Einsichten das Gefühl der plötzlichen Entgiftung sich bis zu einer Art von Befreiungserlebnis gesteigert hatte, wollte die Freiheit doch nie länger standhalten als bis zur nächsten Begegnung mit einem kritisch eingestellten Kollegen. Was im stillen Kämmerlein vor sich ging, vermochte seine Wirkungen auf den Alltag nur so weit zu erstrecken, als dieser Alltag ohne Belastungsproben verlief. Die Belastungsprobe, die „Versuchung", brachte das scheinbar verschwundene Minderwertigkeitsgefühl doch immer wieder zum Anklingen, und damit kam die ganze Lawine der irrtümlichen Gefühle und Gedanken stets wieder in Bewegung. Es war klar, daß zur wirklichen Heilung noch ein weiterer Schritt nötig wurde, der in seiner Art mit dem Erlebnis der Urszene verwandt sein, sich aber inhaltlich mehr auf die Gegenwart als auf die Vergangenheit beziehen mußte.

Herr Y begriff ohne alle theoretischen Erwägungen, worin dieser schwere Schritt für ihn zu bestehen habe; denn das Leben drängte ihn mit unerbittlicher Folgerichtigkeit zu dieser letzten Konsequenz seiner Selbsterziehung. Er begriff, daß er sich gerade demjenigen Vorgang, gerade derjenigen Not unterziehen mußte, die er auf Grund seiner frühkindlichen Entmutigung am sorgfältigsten zu vermeiden suchte; und dieser Vorgang, diese Not hieß augenblicklich: die Kritik des Vorgesetzten.

Er meinte zunächst, es müsse eine unberechtigte Kritik sein, die er schweigend über sich ergehen lassen wollte. Aber bald merkte er, daß damit nur das Gefühl eines unschuldigen Leidens und damit der Erwerb einer Märtyrerkrone verbunden sein konnte. Darum hätte ihm ein solches Erlebnis durchaus nicht das verschafft, was für ihn das Wichtigste war, nämlich das Ertragen einer „Minderung seines Wertes" und das Stillhalten in der Niederlage. Dieser Gedanke, sich einer unverdienten Kritik zu unterziehen, gehörte also ebenfalls noch zu den geheimen Listen der Ichbewahrung, und wenn er ihn ausgeführt hätte, wäre er nicht nach vorwärts, sondern nach rückwärts gegangen. Aber an einem leisen Wohlbehagen, das sich ihm mit der Vorstellung einer solchen Szene verband, merkte er, daß sie nicht den Schritt bedeuten konnte, den das Leben jetzt von ihm verlangte. Und alsbald wußte er auch, worin dieser Schritt tatsächlich zu bestehen hatte: Im Stillhalten und Ruhigbleiben gegenüber einer berechtigten Kritik. Aber es war auch sofort klar, daß die berechtigte Kritik nicht absichtlich herbeigeführt werden durfte, weil sonst wieder (wie bisher immer) das Spiel und die Konstruktion an Stelle der Wirklichkeit getreten wäre. – Aber er brauchte nicht lange zu warten, bis der Alltag ihm die Gelegenheit zu seinem Schritte bot.

Es wurde eine Sitzung anberaumt, und mit der außerordentlichen Feinfühligkeit, die so empfindliche Menschen auszubilden pflegen, merkte er schon einige Tage vorher, daß etwas „gegen ihn vorlag".

Die Tage und besonders die Nächte, die ihn noch von dieser Sitzung trennten, verliefen in einem immer wiederholten Durcharbeiten der bisher geschilderten Zusammenhänge. Die Mattigkeit, die aus den schlaflosen Nächten übrigblieb, mußte mit in Kauf genommen werden. Aber ihr Ergebnis schloß sich endlich doch beruhigend und klar in Martin Luthers Wormser Bekenntnis zusammen. „Hier stehe ich, ich kann nicht anders." –

Die Sitzung verlief zunächst zwei Stunden lang ereignislos und langweilig wie immer. Die anfängliche Aufregung des Herrn Y wich mehr und mehr einer Art von Traurigkeit, weil alle seine Vorbereitungen umsonst zu sein schienen. Und an dieser Traurigkeit merkte er, daß er immer noch nicht wirklich sachlich den Ereignissen gegenüberstand, sondern daß er sich selbst zum Helden eines Dramas hatte machen wollen. – Dann aber wurde ein neues Aktenstück vorgelegt, und der Vorsitzende sagte, daß jemand, und zwar wahrscheinlich der Herr Magistratssekretär Y, bei der Bearbeitung dieses Falles einen sehr wichtigen Punkt übersehen habe. Es war richtig, er hatte sich geirrt. Und einen Augenblick fühlte er, wie bisher immer in solchen Fällen, ein schmerzhaftes Zusammenziehen in der Herzgegend, eine Spannung in der Stirnhaut und den Impuls zu einer großen und unwiderleglichen Entschuldigungsrede. Statt dessen aber sagte er nur: „Ja, ich habe es übersehen." Und auf die Frage des Vorgesetzten, wie er dazu käme und was er sich dabei gedacht habe, anwortete er zu seinem eigenen Erstaunen ohne alle Aufregung nur mit einem Lächeln und einem völlig ruhigen Blick, vor dem der andere die Augen niederschlug. „Also", sagte der Stadtrat, „sehen Sie zu, wie Sie es in Ordnung bringen, und lassen Sie uns weitergehen." Das nächste Aktenstück kam an die Reihe, und Herr Y fühlte, daß weder er selbst noch sein Vorgesetzter noch die Kollegen auch nur die geringste Bedrückung von diesem kleinen Vorfall zurückbehielten.

Alles ging weiter in seinem gewohnten Gang, man verabschiedete sich freundlich und einträchtig wie immer, und was sonst einen fast unerträglichen inneren Kampf, endlose Selbstgespräche und mehrere schlaflose Nächte mit sich gebracht hätte, das war diesmal ohne jede Störung des inneren Gleichgewichtes verlaufen. – Noch immer verwundert und fast ein wenig erschrocken über die Entdramatisierung und Vereinfachung des Lebens, ging der Stadtsekretär nach Hause. Es war ihm klar, daß er von nun ab keine Kritik mehr fürchten würde, daß sein Menschentum nicht einmal von einem Vorgesetzten angetastet werden konnte, und daß sein Charakter schlichter und gradliniger war, als er bisher gedacht hatte.

Da er die Unverlierbarkeit der Menschenwürde gerade auf demjenigen Gebiet erlebt hatte, das ihm immer als das gefährlichste erschienen war, machte es ihm begreiflicherweise keine Schwierigkeiten mehr, auf den anderen weniger gefährlichen Gebieten den gleichen Mut zu betätigen. Er vermochte jetzt, Subjekt und Objekt zugleich zu sein, und damit war seine Neurasthenie, seine Menschenscheu und seine Anpassungsunfähigkeit überwunden. Einzelne Rückfälle in die alten Fehler stellten sich nur noch ein, wenn er aus irgendwelchen körperlichen Gründen sich nicht wohl fühlte. Aber da er die körperliche Schwäche nicht als Entschuldigung gelten ließ, erfüllten diese gelegentlichen Rückfälle den Zweck, ihn vor der Überschätzung seiner eigenen Vollkommenheit zu schützen.

In diesem Falle kann die Aufgabe der Selbsterziehung nach menschlichem Ermessen als gelöst betrachtet werden. Aber man muß leider hinzufügen, daß ein solcher Verlauf zur Zeit noch außerordentlich selten zu sein scheint. Die von außen kommende Hilfe war auf das Lesen von Büchern und das Anhören von Vorträgen beschränkt, und die eigentliche Leistung, nämlich die Anwendung der so gelieferten Waffen im Kampfe gegen die eigene Ichhaftigkeit, mußte der Leidende selbst vollziehen. Die einmalige Aussprache mit dem „charakterologischen" Freunde kann kaum als psychotherapeutischer Eingriff gewertet werden, da es sich nur um einen Amateur der Psychologie handelte, der bestenfalls einige Hinweise und Ratschläge, aber keine wirkliche Hilfe liefern konnte. –

Es ist nicht zu verwundern, daß der Magistratssekretär dabei zeitweise (wie er sich später ausdrückte) das Gefühl hatte, als ob er sich wie Münchhausen an seinem eigenen Schopf aus dem Sumpf ziehen sollte, und daß ihm dies nicht gelang, solange er sich seine Aufgabe in dieser Weise als unmöglich vorstellte. Erst als er dazu kam, seine Arbeit auf den Abbau der Ichhaftigkeit zu beschränken und den Zustrom von Mut und Lebendigkeit nicht mehr erzwingen zu wollen, kam der Prozeß seiner Selbsterziehung in Gang. Das Bild mit dessen Hilfe er sich die Verteilung der Rollen später klarzumachen pflegte, lautete dann: Das Licht ist verfinstert, meine Aufgabe besteht nicht darin, das Licht anzuzünden (denn es brennt ohnehin), sondern meine Aufgabe besteht im Wegräumen der Hindernisse, die dem Licht im Wege stehen. Ich kann nicht das Licht erzeugen, aber ich kann den Lampenschirm entfernen. – Wer das Licht selbst anzünden wollte, wäre hochmütiger denn je. Wer warten wollte, bis die Gnade des Lichtes den Lampenschirm von sich aus durchdringt, wäre kleinmütiger denn je; er befände sich auf der Flucht vor der Verantwortung. Sachlich ist die unermüdliche Arbeit an der Beseitigung des Schirmes und das unbeirrbare Vertrauen auf das Vorhandensein des Lichtes.

Die Regel lautet: *Wer die Zusammenhänge zwischen seinem Leidenszustande und seiner Ichhaftigkeit eingesehen hat, und wer bereit ist, sich seine Verantwortlichkeit für sein künftiges Lebensschicksal einzugestehen, der darf noch nicht ohne weiteres auf das Verschwinden seiner Notlage rechnen wie auf eine Belohnung; sondern er muß bereit sein, die tatsächliche Folgerung aus seiner Einsicht und aus seinem Eingeständnis zu ziehen. Er muß in derjenigen Lage standhalten, die ihm bisher als die allerunerträglichste erschien. Er muß Subjekt und Objekt zugleich sein, auch wenn das Leben es ihm noch so schwer macht. Erst wenn er sich in dieser Weise dem Leben stellt, stellt auch das Leben sich ihm. Erst wenn er sich dem Leben unterzieht, kann er es meistern.*

Neuntes Kapitel

Bejahung

§ 25

Bejahung der Vergangenheit

Da die Fälle von gelungener Selbsterziehung heutzutage noch außerordentlich selten sind oder wenigstens selten bekannt werden, soll hier als weiteres Beispiel noch die Geschichte eines jungen Mannes berichtet werden, der zwar nicht ausschließlich, aber doch im wesentlichen durch sein eigenes Bemühen zur Auflösung seiner Ichhaftigkeit gelangte. Die Hilfeleistung von außen beschränkte sich auf drei Aussprachen mit einem Psychotherapeuten, aber keine dieser Aussprachen dauerte länger als eine Stunde.

Es handelt sich um einen Philologen mit stark theologischer Interessenrichtung. Er stammt aus einer alten Pfarrersfamilie und war zur Zeit seiner Lebenskrisis, von der hier die Rede sein soll, 28 Jahre alt. Wir wollen ihn mit dem Spitznamen seiner Knabenjahre nennen, nämlich „Reinicke Voß", und es wird sich alsbald zeigen, daß in dieser Bezeichnung, wie so häufig in den Spottnamen, ein gutes Stück Charaktererkenntnis enthalten ist.

Er wuchs als ältester Sohn eines Pfarrers auf, und zwar die ersten drei Jahre seines Lebens auf dem Lande, und von da ab bis zu seinem Abiturium in einer sehr kleinen Provinzstadt. Er hatte drei jüngere Schwestern, aber keinen Bruder, wurde von der Mutter vielleicht im Anfang ein wenig verwöhnt; doch waren seine beiden Eltern sich völlig einig in einer protestantisch-preußischen Lebensauffassung, die der Sohn später als „Kantisches Pflichtgerippe" zu bezeichnen pflegte. Daher war die Atmosphäre seiner Jugend eher zu hart als zu weich, es gab nichts Schönes um des Schönen willen; die einzige Kunst, die die Nüchternheit des Pfarrhauses etwas belebte, war die Musik, aber auch sie durfte nur in den Dienst metaphysischer und sehr unkindlicher Ziele gestellt werden.

Der Leidenszustand, der später zur Lebenskrisis des Patienten führte, war in der Hauptsache durch eine hartnäckige Schlaflosigkeit gekennzeichnet. Einige Zwangsgedanken spielten gelegentlich ebenfalls eine Rolle, und später trat der Zwang zur geschlechtlichen Selbstbefriedigung hinzu, so daß man medizinischerseits wohl von einer Zwangsneurose sprechen müßte. Doch war der Zustand nie so, daß er zur Arbeitsunfähigkeit führte. Im Gegenteil, das „Pflichtgerippe" hielt den Patienten auch in den schwersten Tagen noch aufrecht und half ihm durch die tiefsten Abgründe seines Minderwertigkeitsgefühls immer wieder hindurch.

Seine früheste Kindheitserinnerung lautet: „Ich beerdige im Garten des Pfarrhauses einen Vogel, ich weine laut dabei und bin gleichzeitig sehr bedrückt, weil ich weiß, daß es nur ein Spiel ist, und weil ich doch fürchte, daß der Vogel nicht in den Himmel kommt, wenn man nicht ernstlich um ihn weint." Aus welcher Zeit diese Erinnerung stammt, ist schwer zu sagen. Wahrscheinlich gehört sie in die ersten Jahre nach der Übersiedlung in die kleine Stadt. Das wichtigste Problem, das im Leben und im Leiden des Reinicke Voß wirksam gewesen ist, tritt hier schon mit großer Deutlichkeit auf. Es ist die Frage nach der Ehrlichkeit des Gefühls.

Weitere Kindheitserinnerungen gruppieren sich um das gleiche Thema. Man hat gerührt zu sein beim Abschied der Verwandten (über deren Besuch man gar nicht erfreut war), man hat entrüstet zu sein über die Lausbubenstreiche der Straßenjungen (die man vielleicht lieber bewundert hätte), man hat entzückt zu sein über ein frommes Lied (das man im Grunde sehr langweilig gefunden hatte). — Es gab gleichsam ein Gesetzbuch der Gefühle, ein Pflichtgerippe auch des Herzens. Und ein Mensch, dessen Herz diesen Gesetzen nicht gehorchte, war ein verworfener und wertloser Mensch. So weit scheint das Erziehungsresultat mit den pädagogischen Absichten der Eltern noch übereingestimmt zu haben. Und zwar wurde diese Übereinstimmung ohne viele Strafen und sogar ohne vieles Reden erreicht, nur einfach durch das Beispiel der Erzieher und durch den Ton, der im Pfarrhause herrschte. Man darf daher folgern, daß Reinicke Voß ein sehr zartes und anschmiegsames Kind war, denn er hat die Lebensprinzipien, die er in seiner Umgebung vorfand, ohne viel Opposition zu den seinigen gemacht; und man darf annehmen, daß seine Eltern zunächst mit ihrem gefügigen und sanften Sprößling recht zufrieden waren.

Bald aber lief der Vorgang, den er später als seine „Entmannung" bezeichnete, zwangsläufig über das hinaus, was die Erzieher beabsichtigten. Die Gesetzgebung für die Gefühle wuchs automatisch im Kinde weiter und konnte durch keine äußeren Maßnahmen mehr aufgehalten werden. Und da es nicht nur für das Verständnis der späteren Notlage, sondern auch für das prinzipielle Verständnis aller Erziehungsfehler sehr wichtig ist, diese zwangsläufige Weiterbildung innerer Hemmungen gut zu verstehen, muß auf diesen Vorgang hier des Genaueren eingegangen werden. – Um die Achtung seiner Mitmenschen, vor allem seiner Eltern, aber auch um die Achtung vor sich selbst zu wahren, mußte der Knabe bei bestimmten Gelegenheiten bestimmte Gefühle nicht nur äußern, sondern auch wirklich haben. Da dies durchaus nicht immer gelang, trat frühzeitig (es läßt sich nicht genau sagen seit wann) ein typisches Minderwertigkeitsgefühl auf: Er glaubte, erheblich schlechter zu sein, als er nach außen hin schien. Die Achtung, die man ihm erzeigte, ging nach seiner Meinung über das hinaus, was er in Wirklichkeit verdiente, und zwar eben, weil er die Gefühle, die er zeigen mußte, durchaus nicht immer tatsächlich empfand. Heuchelei aber erschien ihm als die schrecklichste aller Sünden, und da er teils aus Mangel an Mut, teils aus sprachlicher Ungeschicklichkeit nicht fertig brachte, diese Heuchelei durch ein freimütiges Bekenntnis zu überwinden, kam er, ohne recht zu wissen wieso, in die mißliche Lage, sein Minderwertigkeitsgefühl wiederum verheimlichen zu müssen. Er heuchelte also Ehrlichkeit, trotzdem er schon merkte, daß er sich durch die Maskierung seiner Maskierung in eine ständig wachsende innere Unehrlichkeit verstricken mußte. – Das war der Teufelskreis, der ihn in ein immer steigendes Minderwertigkeitsgefühl hineinschraubte.

So war es kein Wunder, daß er immer wieder versuchte, durch Gutsein, Artigsein oder Tugendhaftsein einen Teil seiner Schuld abzutragen. Die Frage aber, wie man dies anstellen könne, vermochte er selbstverständlich nur mit Hilfe der Vorstellungen zu beantworten, die in seiner Umgebung geläufig waren. Und überdies konnte er aus diesem Vorstellungsmaterial, das zum größten Teil weit über seinen Horizont hinausreichte, nur diejenigen Teile verwenden, die sich zu seinen kindlichen Problemen in Beziehung bringen ließen. So erwuchs ihm aus Predigten, Gesprächen und eigenen kindlichen Erwägungen ungefähr um den Beginn der Schulzeit die Ansicht, daß man auf alle kindlichen Freuden verzichten müsse, wenn man „ein guter Mensch" werden wolle. Die Erwachsenen, die offenbar „gute Menschen" waren, sprangen ja auch nicht singend herum, sie spielten nicht Ball, spielten nicht Verstecken und auch nicht Räuber und Gendarm. Darum erschien es ratsam, alle diese Freuden, wenn sie auch nicht gerade sündhaft waren, doch lieber zu vermeiden und sich lieber an den Grundsatz der Mutter zu halten, welcher lautete „Übermut tut selten gut", und vielleicht sogar noch einen Schritt weiter zu gehen und nicht nur den Übermut, sondern lieber gleich allen Frohsinn und alle Kinderspiele beiseite zu lassen. – Damit war die Askese zum Prinzip erhoben, nicht nur der Übermut, sondern auch der Mut war in Verruf getan, und von nun an bewegte sich Reinicke Voß ausschließlich auf der Schattenseite des Lebens.

In den nächsten Jahren erfuhr diese verhängnisvolle Grundeinstellung eine wesentliche Verstärkung durch den (selbstverständlich gutgemeinten) Einfluß des Vaters. Er pries dem Knaben das spartanische Lebensideal im Gegensatz zum athenischen und die Haltung des christlichen Märtyrers im Gegensatz zum heidnischen Welteroberer. Die pädagogische Absicht lag dabei im Unterstreichen des „Durchhaltenkönnen", der Fähigkeit, Schmerzen und Entbehrungen zu ertragen um eines Zieles willen, das diese Opfer lohnt. Der Erfolg aber, der scheinbar und äußerlich in der gewünschten Richtung lag, bestand tatsächlich im genauen Gegenteil. Das Kind verzichtete endgültig und prinzipiell auf alle äußeren Zielsetzungen, weil es auf diese Weise am einfachsten allen Entbehrungen und Schmerzen entgehen konnte. Um nicht erst heldenhaft auf die Freuden des Lebens verzichten zu müssen, erklärte es diese Freuden für schlecht und ablehnenswert, längst ehe es auch nur ahnte, was „Freuden" eigentlich sind, und selbstverständlich auch ohne zu wissen, daß sich in einem solchen scheinbaren Heldentum die feige Angst vor dem Leben verbirgt.

Als er in das Alter der Geschlechtsreife kam, konnte er auf Grund seiner nun schon ziemlich festen Lebensanschauung von den verschiedenen Wegen, die sich ihm boten, nur einen einzigen beschreiten: Er mußte alles Erotische für verächtlich halten. Das Wort „Schmutz" bezeichnete für ihn (und übrigens auch für seine Mutter) nicht nur die menschlichen Exkremente, sondern auch die sexuellen Vorgänge und alles, was zwischen Mann und Weib sich ereignen kann. Daß das Wort Liebe im Deutschen gleichzeitig Menschenliebe und Geschlechtsliebe bezeichnet, erschien ihm als ein deutliches Zeichen für die Verderbtheit des deutschen Volkes, und erst 15 Jahre später begriff er, daß gerade in dieser tiefen Doppelsinnigkeit die große, ewig unlösbare Aufgabe der Menschheit und der unentrinnbare Zwang zum Reifen und Wachsen der menschlichen Gesittung enthalten ist.

Zunächst geriet er in einen neuen, inneren Konflikt, weil er sich immer wieder dabei ertappte, daß irgendwelche Mädchen oder Frauen in seinen Tagträumen eine Rolle spielten. Am schmerzlichsten aber war ihm, daß er die künstlerischen Darstellungen nackter Frauen nicht mehr unbefangen betrachten konnte. Solche Werke mußte man, gemäß der in seinem Elternhause geltenden Gesetzgebung, „erhaben, klassisch oder gehaltvoll", finden; statt dessen fand er sie einfach aufregend und darum im Sinne seiner neuen, eigenen Gesetzgebung „verworfen, schmutzig und kupplerisch". Er zog aus diesem inneren Widerspruch seiner Gefühlsurteile die krasse Folgerung, daß seine Eltern doch noch nicht „rein genug" seien. Und dasselbe schien ihm aus der Tatsache hervorzugehen, daß sie ja Kinder in die Welt gesetzt hatten, sich also (eine unvorstellbare Vorstellung) zueinander in einem schmutzigen Verhältnis befunden haben mußten.

Diese und ähnliche Fragen quälten ihn sehr. Er erreichte zwar allmählich, daß er alle lockenden und aufreizenden Gedanken aus seinem eigenen Bewußtsein verbannen konnte, aber er bemerkte doch auch, daß gleichzeitig alle Zärtlichkeit (die ihm bisher erlaubt schien), ja sogar alle Zartheit und alle menschliche Wärme gleichzeitig verbannt werden mußte. Diese innere Verarmung beunruhigte ihn stark, angeblich zwar nur im Sinne einer philosophischen Problematik, aber das Resultat seiner selbstquälerischen Grübeleien war doch seine ständig wachsende Schlaflosigkeit. Je mehr er nachdachte, desto quälender erschienen ihm die Rätsel des Lebens, je mehr er sich quälte, um so schlechter schlief er, je schlechter er schlief, um so freudloser und gereizter stand er dem Leben gegenüber, und je gereizter er wurde, um so quälender empfand er die Rätsel des Daseins.

Es braucht nicht erst hinzugefügt zu werden, daß dieser Lebensweg abseits an allen frohen und lebendigen Jugenderlebnissen vorüberging. Weder eine Tanzstundenliebe noch eine Studentenleidenschaft konnte sich entwickeln. Nicht einmal die Freundschaft mit Gesinnungsgenossen war auf die Dauer möglich. Vereinsamt, verarmt und verbittert stand er der Welt gegenüber. Reinicke Voß hatte die Weintrauben für bitter erklärt, weil er nicht hatte nach ihnen springen wollen. Nun mußte er mitansehen, wie andere sich die Trauben gut schmecken ließen, und obendrein mußte er allen Scharfsinn an den Beweis wenden, daß die Trauben nach wie vor bitter seien, und daß er allein recht und daß alle anderen unrecht hätten.

Diese Einsicht in die Entstehungsgeschichte seines Leidens kam in verhältnismäßig kurzer Zeit nach der Lektüre einiger charakterkundlicher Bücher zustande, aber sie verschlimmerte zunächst die Schlaflosigkeit und damit den Leidenszustand des Patienten ganz erheblich. Er quälte sich nun nicht mehr mit dem Gedanken, daß die Welt schmutzig sei und daß man ohne diesen Schmutz nicht lebensfähig bleiben könne, sondern umgekehrt, er zermarterte sich jetzt mit der Reue über seine Irrtümer. Er glaubte das Reine, nämlich die Liebe, die menschliche Gemeinschaft, die Warmherzigkeit für schmutzig, und das Schmutzige, nämlich die Ichhaftigkeit, die Gefühlskälte und den Geiz des Herzens für rein gehalten zu haben; und was das Schlimmste war, er glaubte, infolge dieses Irrtums aller Freuden, aller Werte und aller Entfaltungsmöglichkeiten seiner Jugend verlustig gegangen zu sein. Das Versäumte schien ihm nicht nachholbar, die falsche Richtung, die er eingeschlagen hatte, schien ihm nicht korrigierbar, seine Fehler, die er sich nun als Sünden anrechnete, schienen ihm nicht verzeihbar; und sein Leiden, die Schlaflosigkeit, stellte sich ihm als die gerechte Strafe für diese Sünden dar. – Daß durch eine solche Auffassung das Leiden nur verschlimmert werden konnte, versteht sich von selbst. Er aber erwartete für seine „schonungslose Selbstverurteilung" gewissermaßen als Belohnung schon eine Besserung seines Leidens; und daß trotzdem eine Verschlimmerung eintrat, quälte ihn aufs neue, stürzte ihn in neue Grübeleien und verschlimmerte den Zustand abermals. Der Teufelskreis war mehr denn je in vollem Gange.

In dieser Zeit fand die erste Aussprache mit einem Charakterologen statt. Sie führte zu einer sehr raschen Entdeckung: solange man zu seiner Vergangenheit noch pessimistisch eingestellt blieb, konnte von einer Bejahung des Lebens und damit von einer Einordnung in das allgemeine Menschenschicksal noch gar keine Rede sein. Der Leidenszustand mußte sich automatisch verstärken, bis Reinicke Voß die Trauben weder zu sauer noch zu süß fand, und bis er anfing, sie dankbar zu nehmen, wie sie sich ihm boten, teils süß und teils sauer.

In einer schlaflosen Nacht, die, wie er sich ausdrückt, so schlaflos war, wie alle vorhergehenden zusammen, rang er sich durch zu dem Entschluß, seine Vergangenheit mit all ihren Irrtümern und Verfehlungen zu bejahen. Er wollte in Zukunft all diese Dinge auf sich beruhen lassen, wollte weder gegen sich noch gegen seine Eltern noch gegen Gott zu Felde ziehen, sondern sich einfältig und bescheiden den Aufgaben der Zukunft zuwenden. – Und in der Nacht darauf schlief er zum ersten Male ausgezeichnet.

Die Regel lautet: *Nicht nur die Einsicht in die Entstehungsgeschichte des Leidens ist nötig, und nicht nur das Eingeständnis der eigenen Irrung und der eigenen Verantwortlichkeit, sondern auch die Bejahung alles dessen, was geschehen ist. Man kann es nach wie vor bedauern, aber man darf es nicht mehr als Waffe im Kampf gegen das Schicksal benutzen. Eine Sünde, die in all ihren Zusammenhängen eingesehen und eingestanden worden ist, darf nur noch als erwünschtes Mittel für die Ziele der Zukunft ausgenutzt werden, nämlich als Lehrmaterial für das Bessermachen. Das Hängenbleiben in der Reue ist ebenso ein Fehler wie der Stolz auf den Fehler; beides dient der Flucht vor dem Leben. Bejahung ist aber weder Reue noch Stolz, sondern die schlichte Anerkennung, Verarbeitung und Auswertung eines gegebenen Tatbestandes.*

§ 26

Bejahung der Zukunft

Reinicke Voß hatte den ersten Schritt auf dem Wege seiner Selbsterziehung zurückgelegt. Er hatte sich mit der Vergangenheit ausgesöhnt. Er schlief wesentlich besser. Und er war bereit, die Aufgaben der Zukunft tapfer in Angriff zu nehmen. Aber er hatte sich diese Aufgaben leichter vorgestellt, als sie in Wirklichkeit waren.

Das erste Problem, das ihm zu schaffen machte, war die Veränderung seiner Wertvorstellungen. Er mußte das meiste, was er bisher abgelehnt hatte, nunmehr anerkennen. Und was ihm bisher erstrebenswert schien, mußte er nunmehr verwerfen. Daß ihm jetzt die Renaissance mit ihrer sinnenfrohen Bejahung des Irdischen für besser gelten mußte als die asketisch eingestellte Zeit der Gotik, war noch zu ertragen, da diese Umstellung zunächst im Bereiche des Theoretischen blieb. Luthers Tat, der Austritt aus dem Mönchsorden und der Eintritt in die Ehe, erschien ihm jetzt als das eigentliche Vorbild seiner inneren Wandlung. Aber an dieser Stelle setzten auch die neuen Schwierigkeiten ein.

Er war ein typischer Stubengelehrter, und in den 15 Jahren seiner weltfremden Einsamkeit hatte er doch einen großen Schatz von Wissen und auch von echter philosophischer Bildung in sich ansammeln können. Diese Reichtümer, die bisher brachgelegen hatten, drängten jetzt mehr und mehr zu lebendiger Auswirkung. Die Pläne zu drei oder vier Büchern kristallisierten sich mit überraschender Schnelligkeit und Klarheit in seinem Bewußtsein. Aber jedes dieser Werke hätte noch ein volles Jahr aufopfernder und ausschließlicher Gelehrtenarbeit beansprucht. – Wie sollte er sich nun dem sinnenfrohen Leben zuwenden, wenn dadurch das Zustandekommen dieser Bücher in Gefahr geriet? Und überdies bestand die wirtschaftliche Nötigung, sich so schnell wie möglich seinen Lebensunterhalt zu verdienen. Auch das wäre mit Hilfe der Bücher möglich gewesen. Aber sich in den Strudel der Welt stürzen und das bisherige Leben des arbeitsamen Gelehrten weiterführen, das schienen ihm zwei Dinge, die sich so wenig vertrugen wie Feuer und Wasser.

Neue Grübeleien begannen; und auch der Schlaf drohte wieder schlechter zu werden. Die verschiedenen Bilder der Zukunft stritten in seiner Phantasie miteinander und wollten sich nicht in Einklang bringen lassen. Da war die Traumgestalt einer schönen dunkelhaarigen Frau, und da war die Traumgestalt eines großen welterschütternden Buches – und plötzlich war noch ein Drittes da, das den Patienten mit tiefstem Entsetzen erfüllte, und das er bisher noch nie kennengelernt hatte: Die geschlechtliche Selbstbefriedigung.

Nun entwickelte sich ein neues Ringen mit neuer Niedergeschlagenheit, neuen Mißerfolgen und neuen Verzweiflungen. Allmählich wurde ihm klar, daß auch hier eine Flucht vor der Wirklichkeit vorliegen mußte. Er sah ein, daß der Selbstbefriedigung einerseits eine scheinbare Bejahung der Sinnenfreude, andererseits aber gleichzeitig ein Ausweichen vor ihr zugrunde lag. Er gestand sich ein, daß er sich auf diese Weise beide Möglichkeiten unmöglich machte, sowohl das Niederschreiben seines Buches (denn er spürte nun fast ständig einen dumpfen Druck im Kopf und eine stets wachsende Arbeitsunlust) und ebenso auch den Weg zu den Freuden des Lebens (denn seine Scheu vor den Menschen, seine Neigung, zu erröten, verlegen zu werden und sich zurückzuziehen, wuchsen jetzt von Tag zu Tag). So drohte nicht nur der bisher schon erreichte Fortschritt wieder verlorenzugehen, sondern es bestand auch die Gefahr, daß der Rest von Arbeitsfähigkeit und Lebensmöglichkeit, die er sich bisher mit Hilfe jenes „Pflichtgerippes“ noch erhalten hatte, endgültig untergraben wurde. In dieser Not half ihm weder die Selbstanalyse noch die Lektüre psychologischer Bücher. Und schließlich begab er sich noch einmal zum Charakterologen, nachdem er vergebens mit mehreren Geistlichen gesprochen hatte.

Die charakterologische Besprechung nahm ihren Ausgang vom Problem des Betens, weil der Patient zunächst die Anklage erhob, daß erst durch die zersetzende Wirkung der modernen Psychologie ihm sein ältestes, liebstes und heilsamstes Rettungsmittel, nämlich eben das Beten, unwirksam gemacht worden sei. Der Charakterologe antwortete, daß es darauf ankäme, um was und in welchem Sinne man bete; und daß ein lebendiges, mutiges und uneingeschränktes Gebet durch keine Psychologie der Welt zersetzt oder unwirksam gemacht werden könne. Es zeigte sich dann auch bald, daß Reinicke Voß im Grunde doch noch Reinicke Voß geblieben war, und daß das tatsächliche Ziel seines Betens noch vollständig mit dem Ziel seiner kindlichen Irrungen übereingestimmt hatte. Es kam ihm nach wie vor darauf an, aller Unsicherheit, aller Spannung und allen Entbehrungen aus dem Wege zu gehen. Er konnte jetzt in seinem Leben die Frau, oder richtiger gesagt, die Sinnlichkeit, nicht mehr entbehren, und darum konnte er sich nicht der Abfassung seiner Bücher widmen. Und er konnte diese Bücher (oder richtiger gesagt, den Erfolg des Schriftstellers) nicht mehr entbehren, und darum vermochte er sich nicht einer wirklichen Frau wirklich zuzuwenden. Der Sinn seines Gebetes ließ sich vielleicht in die Worte fassen: „Laß mich beide Ziele,Frau und Buch, zugleich erreichen!“

Reinicke Voß erschrak. „Ich glaube nicht, daß ich so anspruchsvoll gewesen bin.“ – Der Berater antwortete: „Nein, leider sind Sie so mutig nicht gewesen. Denn um Frau und Buch zugleich zu beten, um Werk und Liebe und Leben zu ringen und um Segen für das Ringen zu bitten – das hieße, sich in Krisis und Gefahr und Verlangen und Sehnsucht und Entbehrung hineinbegeben. Das aber hieße, vom Thron seiner Ichhaftigkeit hinabsteigen, das hieße, seine Gottgleichheit aufgeben und unter ringenden Menschen zum ringenden Menschen werden. Um diesen Schritt nicht tun zu müssen, nennen Sie diesen Schritt „zu anspruchsvoll“. Der Sinn also Ihres Gebetes muß noch um eine Stufe ichhafter gewesen sein, als es zuerst erschien.“ –

„Ich habe ganz einfach um die Erlösung vom Übel gebetet.“ – „Wenn Erlösung vom Übel heißt, den Kelch trinken und ihn nicht verschmähen, weil er etwa bitter ist, so bedeutet Erlösung vom Übel genau das Gegenteil von dem, um was Sie tatsächlich gebetet haben. Sie stehen mitten in der Krisis, Sie können weder fliehend und zurückgezogen weiterleben wie bisher, noch können Sie sich dem sinnenfrohen Taumel überlassen, wie Sie es sich vielleicht manchmal erträumen. Die beiden verantwortungslosen Wege, die lebensfremde Theorie und der sinnlose Rausch sind Ihnen jetzt schon unmöglich. Diese beiden Wege wären leicht und scheinbar ziemlich leidensfrei und (für den mutlosen Menschen) begehrenswert. Der dritte Weg aber, der Ihnen einzig noch übrigbleibt, ist der schwerste und leidenvollste Weg, den es gibt, nämlich der Weg der verantwortlichen schöpferischen Gestaltung des Lebens: Die Erlösung vom Übel dadurch, daß man quer hindurchgeht durch das Übel. Haben sie um diese Art von Erlösung gebetet?“

„Nein, ich habe tatsächlich gemeint, Gott solle mir gewissermaßen als Anerkennung für meinen guten Willen das Übel ersparen. Er solle mir die Früchte des Lebens, nämlich das Werk und die Liebe, aus freier Gnade schenken, ohne mir den Kaufpreis abzuverlangen. – Aber es ist, wenn ich recht sehe, nun doch so, daß man beten muß: Reiß mir den Kaufpreis aus den Händen, ob es mir weh tut oder nicht, denn freiwillig gebe ich ihn vermutlich doch nicht her!“ –

Damit endete die Unterredung. Zwei Tage später kam ein Brief, der den weiteren Verlauf der Selbstanalyse anschaulich wiedergibt:

„... Was ich vor allem inzwischen erlebt habe, ist die Entlarvung meiner asketischen Ideale. Und ich glaube, daß in gleicher Weise fast alles entlarvt werden kann, was sich heutzutage nicht nur unter dem Namen Askese, sondern vielleicht auch unter dem Namen Tugendhaftigkeit zu verstecken pflegt. Ich habe Angst vor dem Leben, ich wage mich nicht in die Freuden hinein, weil ich schon im voraus ahne, daß die Schmerzen nachkommen müssen. Oder in Ihrer Sprache: Ich wage nicht, Subjekt zu sein, um nicht nachher Objekt werden zu müssen. Ich habe also Angst vor der Freude, weil ich Angst vor dem Leiden habe. Würde ich mich aber ins Leben hineinwagen, so würde ich vermutlich wie ein Tiger, der Blut geleckt hat, mit einer ungeheuren Inbrunst alles umfassen müssen, alles lieben müssen und alles durchleiden müssen, was es auf Erden gibt. Dann aber würde ich verstrickt ins Allzumenschliche, würde weder tugendhaft noch asketisch und vor allem (jetzt kommt die Hauptsache) würde nicht mehr bereit zum Tode sein.

So wie ich bisher gelebt habe, war mir das Leben nichts wert. Ich konnte jeden Augenblick darauf verzichten, und darum war der Tod kein Problem für mich. Auch im Sterben hatte ich kein Verzichten zu fürchten. Wenn ich mich jetzt „mit klammernden Organen" ins quellende Leben verflechte, wird der Tod, und nicht nur der Tod selber, sondern schon jede Andeutung von ihm, jede Trennung, jeder Mißerfolg, ja schon jeder vergehende Tag, ein blutiger, fast unerträglicher Verzicht für mich sein. Also kurz gesagt, die Trauben sind mir nicht zu sauer, sondern zu süß. — Aber einerlei, so wie mein Leben bisher war, blutleer und qualvoll, kann es nicht bleiben. Mein Gebet lautet jetzt: „Erlöse mich vom Übel, auch wenn du mich quer hindurchschleifen mußt! Nur vorwärts! Und nicht mehr stehenbleiben!" Wenn Sie bildhafte Augen haben, sehen Sie mich springen und schnappen nach den Trauben. Wenn ich sie erspringe, gut; auch auf die Gefahr hin, daß sie bitter sind! Wenn ich sie nicht erreiche, auch gut! So muß das Entbehren auch durchlebt werden! Und ich habe wenigstens die Trauben gesehen und das Springen geübt.

Ihr nach dem Leben schnappender Reinicke Voß."

Die Regel lautet: *Wer seine Vergangenheit und die Entstehungsgeschichte seiner Leiden bejaht, steht nunmehr vor der Aufgabe, auch die Zukunft zu bejahen, wie sie sich aus seiner Vergangenheit heraus ergeben wird. Er muß die Tatsache bejahen, daß er ungeübt und unerfahren wie ein kleines Kind vor neuen Entwicklungen steht, deren Verlauf er noch nicht voraussehen kann. Er muß sich dem Strome des schöpferischen Lebens anvertrauen, ohne wie bisher das Steuer ängstlich in der Hand und die (falsche) Seekarte sorgenvoll vor den Augen zu haben. Er muß seine Zukunftspläne so biegsam und anpassungsfähig machen, muß seine Wünsche und Ziele, ja auch seine Wertungen und Ansichten so schmiegsam gestalten, daß sie jeden Augenblick durch neue Tatsachen und neue Erfahrungen bereichert, belehrt und umgestaltet werden können. Die Zukunft bejahen heißt, auch alle möglichen Ver-*

änderungen des eigenen Charakters bejahen. Wer es für Pflicht hält, „Charakter zu beweisen", und wer damit meint, so bleiben zu müssen, wie er ist, versucht noch, mehr oder weniger geschickt maskiert, sich selbst an die Stelle Gottes zu setzen. Er muß leiden, bis das Leben ihn eines Besseren belehrt.

§ 27

Bejahung der Gegenwart

Die nächsten Wochen brachten dem Patienten eine gewisse Beruhigung hinsichtlich seiner eigenen Zukunftspläne. Er stellte sich darauf ein, dem Leben abzuringen, was ihm abzuringen war, und dabei immer diejenige Richtung einzuschlagen, die ihm jeweils als die lebendigste erschien. So begann er die Vorarbeiten seines ersten Buches, und so fing er auch wieder an, die lang gemiedenen Kreise seiner Studienfreunde aufzusuchen. Plötzlich schien ihm das Verhältnis von Gelehrtenarbeit und froher Geselligkeit durchaus nicht mehr ein unlösbarer Widerspruch. Goethes „Tages Arbeit, abends Gäste" wurde sein Wahlspruch, und er konnte nicht mehr begreifen, daß er noch vor kurzem geglaubt hatte, an diesem „unlösbaren" Widerspruch scheitern zu müssen. So hätte er mit dem Erfolge seiner Selbsterziehung zufrieden sein können, und wahrscheinlich würde er sich mit dem Erreichten auch für lange Zeit begnügt haben, wenn nicht zu seinem Glück die unerbittliche Peitsche des Lebens ihn weitergejagt hätte. Sein neues Symptom, das ihm quälender und gefährlicher erschien als alle seine bisherigen Leiden, nämlich die Selbstbefriedigung, ließ ihn nicht zur Ruhe kommen. Sie störte, wie eine schrille Dissonanz, immer wieder die Harmonie seines Daseins und zeigte an, daß er so billigen Kaufes noch nicht zum Ziele kommen konnte.

Zunächst sagte er sich, daß das nächste und einfachste Mittel wohl sein würde, sich zu verheiraten. Aber er mußte sich gleichzeitig sagen, daß die Verheiratung nichts Einfaches sei. Abgesehen von den wirtschaftlichen Schwierigkeiten lag eine Fülle von noch ungelösten Aufgaben der Selbsterziehung zwischen ihm und der Ehe. Und bei weiterem Nachdenken stellte sich auch heraus, daß die Selbstbefriedigung den ehrlichen und unverfälschten Ausdruck für die Ungelöstheit eben dieser Aufgaben darstellte. Er durfte also nicht sagen: „Um die Selbstbefriedigung zu überwinden, muß ich heiraten", sondern er mußte sich sagen: „Um heiraten zu können, muß ich die Selbstbefriedigung überwinden."

Er legte sich nun die Frage vor, welches wohl der nächste Schritt auf dem Wege zur Lösung dieser Aufgabe zu sein hätte. Und er stellte fest, daß es sich um das Problem des Warten-Könnens handle, das ihm schon früher auf dem Wege seiner Selbsterziehung mehrfach begegnet war, das sich aber niemals so kraß geltend gemacht hatte wie gerade hier. Er hatte offensichtlich in den letzten Monaten eine Wendung zum Leben hin ausgeführt. Er hatte sich zur Bejahung der Freude bekannt. Das Leben aber lieferte ihm diese Freude nicht ohne weiteres. Er befand sich also dem Leben gegenüber gleichsam in der Haltung eines Werbenden oder Bittenden, der die Hände ausstreckt, und der noch nicht weiß, wann und wie ihm das erbetene Glück zuteil werden wird. Eine derartige Lage aber war ihm von frühester Jugend an so verhaßt gewesen, daß er schon als Knabe lieber in die Erde versunken wäre, als daß er sich in dieser Weise einem fremden Willen ausgeliefert hätte. Seine Angst vor dem Gefühl fand hier ihren krassesten Ausdruck. Denn der Werbende bekennt sich offen zu seinem Gefühl des Ausgeliefertseins und der Abhängigkeit von der Entscheidung des Umworbenen.

Hier sprang ihm plötzlich die entscheidende Formel seiner Charakterentwicklung entgegen: „Gefühle haben, heißt ausgeliefert sein! Darum lieber keine Gefühle haben, lieber Spartaner sein, und unbeteiligt allem Leben gegenüberstehen! Lieber gar nicht Märtyrer sein; denn das heißt, frei und ohne Leiden, kalt leben, als dem Leben hilflos ausgeliefert sein!“

Werben hieße aber auch gleichzeitig warten können. Der Werbende muß den Zustand des Ausgeliefertseins lange Zeit ertragen können. Er darf nicht nachlassen mit werben, darf sich nicht enttäuscht oder beleidigt zurückziehen, und er darf auch nicht ungeduldig vordringen und mit Gewalt das ersehnte Glück an sich reißen. Beide Entgleisungen, der enttäuschte Rückzug und die ungeduldige Gewaltsamkeit, entstammen der Mutlosigkeit dessen, der nicht warten kann. Wer dagegen warten kann, wer es lange genug aushält, der Entbehrende zu sein und den Schwebezustand des gleichzeitigen Duldens und Hoffens auf sich zu nehmen, hat die Verheißung, daß „wer da sucht, findet“, und daß „wer da bittet, erhält“. Neue Wege, neue Glücksmöglichkeiten, neue Arten des Erlebens tun sich dem auf, der sich dem Leben unterzieht. – Das wußte der Patient nicht nur theoretisch, er hatte es schon unmittelbar in seinem Gefühl; aber er wagte noch nicht, sich dieser Gefahr auszuliefern. Die Gewöhnung an die Flucht in das „Nur-Hoffen“ oder in das „Nur-Dulden“ war so verlockend, daß er die Empfindung hatte, „das Wasser müsse in seiner Seele allen Naturgesetzen zuwider von nun ab bergauf fließen, wenn er aus einem mutlosen ein mutiger Mensch werden sollte.“

Aber trotzdem war er willens, dieser Krisis nicht mehr auszuweichen, wenn er eines Tages in sie hineingeraten würde. Und tatsächlich geriet er, wie es ja nicht anders sein konnte, schon kurze Zeit darauf in sie hinein.

Im Hause eines jungverheirateten Studienfreundes traf er die Schwester der jungen Frau. Man sprach bis tief in die Nacht hinein von den Dingen des Lebens, von der Not der Zeit und von der Unentrinnbarkeit der inneren Aufgaben. Er war bisher nie so offen gewesen und hatte darum nie so viel Offenheit bei anderen gefunden. Und es ergab sich von selbst, daß Reinicke Voß jetzt einiges zu sagen wußte, was den anderen nicht nur neu war, sondern was sie auch seltsam berührte, weil sowohl das schwere Einzelschicksal dessen, der sprach, wie auch das Schicksal eines jeden, der ihm zuhörte, in gleicher Weise sichtbar wurde. Später wußte niemand mehr, wer von den Anwesenden das eine oder das andere gesagt hatte. Sie standen nur alle gleichmäßig und für lange Zeit unter dem tiefen Eindruck dieses nächtlichen Gespräches. Und es erschien wie eine Selbstverständlichkeit, daß das junge Mädchen sich beim Abschied dem jungen Mann zuwandte, der mit einer Einfachheit und Aufrichtigkeit über sein und ihr Leben gesprochen hatte, wie sie ihr vorher niemals begegnet war. Sie bat ihn um eine neue Zusammenkunft. — Er erschrak und fühlte einen Augenblick den Wunsch, ganz wie er es in den letzten Jahren gewohnt war, sich mit seiner vielen Arbeit zu entschuldigen. Aber er wußte gleichzeitig, daß dies die Flucht vor dem Leben und den Rückzug in die Ichhaftigkeit bedeutet hätte. „Jetzt standhalten, oder man bleibt ein Schuft!“ sagte es in ihm. — Und er verabredete mit der Studentin die nächste Zusammenkunft.

„Jetzt standhalten, oder man bleibt ein Schuft!“ war das Motto, das ihn die nächsten Tage begleitete. Aber er mußte alsbald über sich lachen, wenn er sich dabei ertappte, „daß man sich selber zureden muß wie einem lahmen Schimmel, damit man nicht wegläuft vor den Dingen, die man im Grunde seines Herzens mit allen Fasern ersehnt. Das Herz bleibt einem stehen. Es ist, als ob man plötzlich ins kalte Wasser springen sollte. Man bekommt keine Luft mehr. Aber man weiß schon recht gut: Die Hölle, vor der man sich fürchtet, ist in Wahrheit der Himmel. Oder die Himmelstür, in die man hinein soll, sieht von außen wie die leibhaftige Hölle aus.“ (Aus einem Brief kurz vor seiner Verlobung.)

Seine Partnerin hatte es in der Kindheit ebenso schwer gehabt wie er selbst. Sie war ebenso vereinsamt wie er, ja, ihre Lage war noch schlimmer, weil ihr das geistige Rüstzeug fehlte, das ihm schon ein gutes Stück weitergeholfen hatte. So waren sie beide füreinander „der richtige Mensch zur richtigen Zeit". Jeder lernte am anderen das, was er am allerwenigsten konnte, nämlich das Jasagen zur Gegenwart, das Jasagen zum Mitmenschen in all seiner Fehlerhaftigkeit und in all seiner Not, und damit das Jasagen zum Leben schlechthin. — Das wußten beide sehr bald, aber es dauerte noch viele Wochen, ehe sie den Mut fanden, es sich einzugestehen. Diese Wochen aber waren nötig für den Aufbau und die innere Durchbildung der mutigen und leidensbereiten Charakterverfassung, ohne die man die Verantwortung für eine Ehe nicht auf sich nehmen kann.

Es war leicht vorauszusehen, daß die Ehe, um die es sich hier handelte, in vieler Hinsicht überaus schwer werden mußte. Darum war es kein leichter Entschluß für den einsamen Gelehrten, sich diesen neuen und ungewohnten Aufgaben zu unterziehen. Aber schon wäre es ihm vielleicht schwerer gewesen, sich ihnen nicht zu unterziehen. Die Flucht erschien ihm als das größere Übel, und die Leerheit des Lebens erschien ihm armseliger als die Fülle der Leiden. — Es versteht sich von selbst, daß infolge dieser inneren Entwicklung die Selbsbefriedigung bald keine Rolle mehr spielte. Er hatte gelernt nicht nur zu werben, sondern auch zu warten, und nicht mehr seine eigenen Bedürfnisse, sondern die Forderung des Lebens zu erfüllen.

Die besonderen Probleme und Krisen, die aus der Annäherung, aus der Verlobung und nachher aus der Ehe der beiden entstanden sind, gehören nicht mehr in diesen Zusammenhang. Die persönliche Entwicklung des Reinicke Voß trat in ein neues Stadium ein, das nicht mehr in erster Linie durch die Schwierigkeiten seiner Vergangenheit (durch das Problem der sauren Trauben), sondern durch die aktive Auseinandersetzung mit den Schwierigkeiten der Gegenwart (wirtschaftliche und berufliche Probleme) gekennzeichnet wurde. Das aber heißt, er war zum Manne geworden.

Die Regel lautet: *Es handelt sich nicht nur darum, die Vergangenheit und die Zukunft zu bejahen, sondern es ist in erster Linie nötig, zu den unmittelbaren Aufgaben der Gegenwart ja zu sagen. Unter diesen Aufgaben befindet sich aber jeweils eine, die gerade das verlangt, was einem von jeher als das Allerbitterste und Allerunerträglichste erschien. In dieser Aufgabe heißt es standhalten und weder nach rechts noch nach links ausweichen. Wer hier ja sagt, kommt vorwärts. Wer aber diese Aufgabe nicht sieht, oder wer nicht imstande ist, sie zu bejahen, der hat noch nicht genug gelitten. Das Leben muß schärfer zugreifen, damit ihm Auge und Herz sich öffnen.*

VIERTER TEIL: HILFELEISTUNG

Zehntes Kapitel

Die Einleitung der Hilfeleistung

§ 28

Vorbedingungen

Die Selbsterziehung, die in den vorhergehenden Kapiteln geschildert wurde, könnte in den meisten Fällen ausreichen, um die menschlichen Schicksalskrisen in fruchtbringender Weise zu überwinden. Je weniger aber diese Anwendungsform unserer neuerworbenen oder wieder aufgefundenen psychologischen Kenntnisse gepflegt und geübt wird, um so mehr Menschen bleiben darauf angewiesen, sich von ihren Nächsten beraten und helfen zu lassen. Und überdies gibt es eine ziemlich große Zahl von Fällen, in denen nach menschlichem Ermessen die Selbsterziehung nicht mehr zum Erfolge führen kann, da die „blinden Flecken" so liegen, daß sie jede Selbstkritik verhindern. Und diese Fälle bilden das Anwendungsgebiet der Psychotherapie.

Vielleicht wird sich im Laufe der Zeit eine Unterscheidung zwischen ärztlicher, geistlicher und pädagogischer Psychotherapie herausbilden. Die erste würde sich mit denjenigen Patienten zu befassen haben, deren Charakterschwierigkeiten mit organischen, physiologischen Störungen verbunden sind (wobei das körperliche Symptom Ursache oder Wirkung oder beides zugleich sein kann); die zweite hätte ihr Aufgabengebiet bei denjenigen Menschen, bei denen es gilt, Schicksalsschläge fruchtbar zu machen (einerlei, ob diese Schicksalsschläge aus Charakterschwierigkeiten erwachsen, oder ob sie ihrerseits Charakterschwierigkeiten hervorrufen); die dritte endlich würde in der Hauptsache prophylaktische Aufgaben haben (Aufspürung der Gefahren und rechtzeitige Abwendung des drohenden Übels). Aber diese Unterscheidung würde sich nur auf den Gegenstand der Bemühung beziehen. Die zu Grunde liegenden Prinzipien und die zur Anwendung kommenden Methoden würden im wesentlichen noch immer die gleichen sein. – Und von diesen Prinzipien und Methoden soll im folgenden das Wichtigste gesagt werden.

Zunächst müssen zwei scheinbar selbstverständliche Voraussetzungen der Psychotherapie beachtet werden, die trotz ihrer Banalität schon das Geheimnis des Erfolges in sich enthalten. Zur charakterlichen Hilfeleistung gehören zwei Menschen, einer, der Hilfe sucht, und einer, der zu helfen vermag – und damit ist schon viel vorausgesetzt.

Wo die Hilfeleistung dem Außenstehenden vielleicht dringend nötig scheint, wo sie aber von dem, der ihrer bedarf, noch nicht verlangt wird (sei es aus Stolz, sei es aus Unkenntnis oder aus irgendeiner falschen Selbsteinschätzung), da hat der Psychotherapeut noch nichts zu tun. Wer seine Hilfeleistung aufdrängt, beweist durch diesen Eifer, daß er der Weltordnung vorgreifen und sich zum Lenker der Geschicke machen will. Sein Geltungsbedürfnis muß verhindern, daß er wirklich hilft. – Schwierig aber wird dieses Problem, wenn ein Dritter, etwa ein Kind oder ein Ehepartner, unter der falschen Einstellung des anderen leidet. Es fragt sich dann, wie lange man als stummer Zuschauer dabei stehen darf, oder von wann ab man zum Schutze des Dritten in das Schicksal des Zweiten eingreifen soll. – Es ist niemandem verwehrt, schon am ersten Tage einzugreifen, nur muß er sich klar darüber sein, daß er dann nicht dem Zweiten, sondern dem Dritten zu helfen sucht. Wer einem allzu strengen oder allzu nachlässigen Vater sein Kind fortnehmen will, oder wer auch nur den Versuch macht, um des Kindes willen den Vater zu beeinflussen, der kann kaum noch hoffen, dem Vater direkt zu helfen. Er muß diese Aufgabe einem anderen überlassen. – So ergibt sich (besonders in der Fürsorge) oft die Notwendigkeit einer Arbeitsteilung. Der eine rettet das Kind und versetzt dadurch den Vater erst in die Lage, die ihn zur Annahme einer inneren Hilfe bereit macht. Aber es kann nicht derselbe Mensch zuerst als Waffe des Schicksals ihn verwunden und dann als Arzenei des Schicksals ihn heilen wollen. Dem Vater helfen muß daher ein anderer.

Wer heilen oder helfen will, muß warten, bis die Menschen reif für seine Hilfe sind. Und er muß bescheiden genug sein, jederzeit seine Hilfeleistung abzubrechen und der Zeit oder auch einem anderen Helfer die Fortsetzung zu überlassen. Er darf nicht selber helfen wollen, sondern er muß nur wollen, daß geholfen werde. Und auch wann geholfen wird, muß ihm gleichgültig sein. Darum ist das Mitleid im gewöhnlichen Sinne des Wortes ebenso hinderlich für die wirkliche Hilfeleistung wie das sogenannte soziale Gewissen. Beides pflegt in der großen Mehrzahl der Fälle nur eine Äußerung des eigenen Minderwertigkeitsgefühls zu sein. Darum frage man sich, ehe man sich selbst für einen Psychotherapeuten hält, *wozu* man Psychotherapeut werden will. Hat man es selber um seiner selbst willen nötig, diesen Beruf zu ergreifen, so ergreife man ihn nicht. Denn man wird ihn nie mit Erfolg ausfüllen können. Nur wer es innerlich nicht nötig hat, darf es tun. – Die außerordentlich heftige Abwehr, die sich in weiten Kreisen der notleidenden Bevölkerung gegen alle soziale Arbeit und gegen jedes Eingreifen der Fürsorge oder der Seelsorge geltend macht, beruht zum größten Teil darauf, daß der Notleidende mit unheimlicher Sicherheit fühlt, wie weit das Mitleid und das soziale Gewissen oder sogar noch die Sachlichkeit seines Helfers im letzten Grund doch nur dazu da ist, die Minderwertigkeitsgefühle dieses Helfers auszugleichen.

Damit sind wir bei der zweiten Voraussetzung der Psychotherapie angelangt. Es muß ein wirklicher Psychotherapeut vorhanden sein, nämlich ein Mensch, der wenigstens für die entscheidende Zeit ohne Minderwertigkeitsgefühle und ohne Geltungsbedürfnis dem Hilfsbedürftigen gegenüberzustehen vermag. Psychotherapeut sein kann nur der Sachliche, und wer sachlich ist, treibt Psychotherapie, ob er will oder nicht.

Hier gilt noch weit strenger als bei den Aufgaben der Erziehung das unerbittliche Gesetz, daß jede Unsachlichkeit des Helfenden mit Notwendigkeit zum Mißerfolg der Hilfeleistung führen muß. Schuld am Mißerfolg ist daher niemals der Hilfesuchende, sondern immer nur der Helfer. Er muß die volle hundertprozentige Verantwortung für das Gelingen seiner Arbeit auf sich nehmen. Nur wenn er dies tut, ist er imstande, die volle hundertprozentige Verantwortung dem Hilfesuchenden aufzubürden. Nur wenn er selbst verantwortliches Subjekt ist, kann es ihm gelingen, seinem Schutzbefohlenen die Tatsache bewußt zu machen, daß auch er, der Schutzbefohlene, in Wahrheit kein Schutzbefohlener ist, sondern ein restlos verantwortliches Subjekt.

Freilich gibt es zahlreiche Fälle, in denen niemand von uns heute Lebenden zu helfen vermag. Der Arzt steht sogenannten „endogenen“; in der Veranlagung mitgegebenen Krankheiten gegenüber (z. B. manchen Geisteskranken). Der Seelsorger sieht Sterbende oft unter so erschütternden Umständen, daß ihm nichts übrigbleibt als die Berufung auf den unerforschlichen Ratschluß Gottes, ohne daß es ihm gelingt, durch diese Berufung dem Leidenden zu helfen. Und der Erzieher hat oft mit Kindern zu tun, die er durch die Verblendung der Eltern in ein sicheres Verderben hineintreiben sieht; aber er fühlt sich außerstande, die selbstgefällige Blindheit der Eltern zu überwinden und dem Schicksal Haltein zu gebieten. In all diesen Fällen haben wir es mit „unheilbaren" Leiden zu tun. Aber wir müssen daran festhalten, daß es kein Leiden gibt, das schlechthin und von sich aus unheilbar wäre. Unheilbar ist durchaus ein relativer Begriff. Wir können immer nur sagen, dieser Fall ist für uns nach dem heutigen Stande unserer inneren Freiheit wahrscheinlich unheilbar. Aber wir müssen stets die Möglichkeit offen lassen, daß heute schon ein anderer, und daß vielleicht auch morgen schon wir selber sehr wohl imstande sein könnten, ihn zu heilen. – Die Tatsache, daß es unheilbare Leiden gibt, ist ein Grund zu immer neuen Bemühungen und ein Zeichen, wie weit wir noch von der Lösung unserer Aufgabe entfernt sind. Aber sie ist kein Grund zur Verzweiflung an den eigenen Möglichkeiten und an der Ordnung des Daseins.

Keinen Wert darauf legen, ein Helfer zu sein, und doch aus vollem Herzen helfen zu wollen; die ganze Verantwortung auf sich nehmen, und doch dem anderen die Verantwortung fühlbar machen; selber Subjekt sein, und gerade dadurch den anderen aus einem Objekt in ein Subjekt verwandeln helfen, das ist die scheinbar so widerspruchsvolle Aufgabe der Psychotherapie. Und jedem, der sie so zu sehen vermag, wird einleuchten, daß diese Tätigkeit und auch ihre Voraussetzung, nämlich diese seelische Haltung, nicht lehrbar sein kann. Das Zustandekommen dieser Haltung und das Gelingen dieser Arbeit ist in jedem neuen Fall, ja, ist in jeder neuen Stunde immer wieder ein schöpferischer Akt, ein produktiver Vorgang des seelischen Wachstums, der immer wieder neu erhofft, erwartet und gewagt werden muß, zu dessen Zustandekommen man aber nichts anderes tun kann, als daß man sich von seinen eigenen Ansprüchen, Forderungen, Ängsten und Fluchtbereitschaften freizumachen sucht. Die Klärung im anderen ist immer die Spiegelung der eigenen Klärung. Und wo die erstere nicht gelingen will, muß man sich fragen, was das Gelingen der zweiten hindert.

Wir wissen zur Genüge, was sie hindern kann: Die Scheu vor dem gleichzeitigen Subjekt- und Objektsein, die Tendenz zur Ichbewahrung, die sich bald im Geltungsbedürfnis und bald im Minderwertigkeitsgefühl zu äußern pflegt. Das eine Mal heißt es: „Ich bin doch der amtlich beauftragte Helfer, der Pfarrer, der Arzt, der Jugendrichter, die Fürsorgerin oder der Berufsvormund, und weil ich dies bin, muß ich Erfolg haben, oder meine Autorität geht verloren. Und wenn ich gleichwohl keinen Erfolg habe, so muß die Schuld an diesem Mißerfolg nicht mich, sondern den anderen treffen." Wer so denkt, macht, ob er will oder nicht, seinen Schutzbefohlenen zum Mittel seines eigenen Selbstgefühls, er macht ihn zum Objekt und darf sich nicht wundern, wenn er nicht zum Subjekt wird. Der andere Fehler heißt: „Du leidest so viel, dein Schicksal ist so schwer, daß ich, der angebliche Helfer, mich mit dir gar nicht vergleichen kann; ich bürgerliches Menschenkind, das die wahre Not nie kennenlernte, wie soll ich deiner Krankheit, deiner Verzweiflung oder auch deiner Verworfenheit gewachsen sein!" Wer so denkt, mag sich bescheiden und menschenfreundlich vorkommen, den Mut zur Verantwortung besitzt er gewiß nicht, sowenig wie er den Mut zu seinem eigenen Schicksal besitzt; sein Minderwertigkeitsgefühl hindert ihn daran, den anderen zu verstehen, verleitet ihn dazu, sich durch den anderen irreführen zu lassen, und verpflichtet ihn, sich selbst zum Mittel für die ichhaften Zwecke seines Schutzbefohlenen zu erniedrigen. Er macht sich selbst zum Objekt und kann darum nicht erwarten, daß es ihm gelingen werde, die Lebendigkeit seines Partners zu erhöhen. – Beide aber, sowohl der autoritative, angeblich überlegene, wie auch der bescheidene, angeblich unterlegene Helfer, stehen vor der ungelösten Aufgabe der Selbsterziehung. Und wer sie nicht in Bälde zu lösen vermag, muß sich von anderer Seite selber helfen lassen, ehe er versuchen darf, von sich aus anderen zu helfen.

So ergibt sich die Regel: *Dränge deine Hilfe niemandem auf, warte, bis du gerufen wirst, und sei bereit, wieder fortzugehen, auch ohne geholfen zu haben. Je weniger Wert du darauf legst, selbst ein Helfer zu sein, um so besser wirst du helfen können. Wo die Hilfeleistung nicht gelingt, trifft die Verantwortung für deinen Mißerfolg weder deinen Schutzbefohlenen noch die äußeren Umstände, sondern dich.*

§ 29

Die erste Stunde

Als Beispiel für die charakterliche Hilfeleistung soll im folgenden ein Fall beschrieben werden, der einerseits so wenige körperliche Symptome darbietet, daß man ihn nicht als ärztliche Fachangelegenheit nehmen kann, und der andererseits doch so große Schwierigkeiten zeigt, daß die bisherigen Methoden der Seelsorge und der Pädagogik nicht mehr zum Ziele führen konnten. Es handelt sich um einen selbständigen Kaufmann von 35 Jahren, der von Jugend auf große Hemmungen im Umgang mit Menschen hatte. In letzter Zeit konnte er nur noch schriftliche Arbeiten von seinem Büro aus erledigen. Besuche zu empfangen oder gar Besuche zu machen, war ihm unmöglich. Da er diese Erscheinungen für „Charakterschwäche" hielt, versuchte er zunächst, durch Selbstbeherrschung und Willensübung dagegen anzugehen, aber ohne jeden Erfolg. Da er seine Charakterschwäche für einen moralischen Fehler hielt, wandte er sich nacheinander an mehrere Geistliche, die ihm gut zusprachen und mit ihm beteten. Aber seine Schwierigkeiten blieben unverändert. Die steigende Verzweiflung führte ihn dann in verschiedene Sekten. Aber weder die Christian Science, noch die Mazdaznan-Loge konnten ihn helfen.

Diese Leidensgeschichte hatte er dem Psychotherapeuten schriftlich mitgeteilt, ehe er ihn persönlich aufsuchte. Als er ins Zimmer trat, blieb er zögernd an der Tür stehen, mit gesenktem Kopf und sichtbar errötend. Auf die Einladung, Platz zu nehmen, wählte er den bescheidensten Stuhl, den er finden konnte. Den Klubsessel lehnte er mit verlegenem Lächeln ab.

Wer den Sinn der Psychotherapie erfaßt hat, wird fühlen, daß in diesem Augenblick die Haltung, der Ton und das erste Wort des Therapeuten die Entscheidung für den weiteren Verlauf der Behandlung und vielleicht für das ganze Leben des Patienten in sich tragen. Drückt sich im Verhalten des Therapeuten auch nur die geringste Spur von Herablassung, Mitleid oder gar Ungeduld aus, so hat er sich seine Aussichten für lange Zeit verdorben. Der Patient würde sofort die Rolle des Unterwürfigen, Dienstbeflissenen, Untergebenen aufnehmen und aus seinem Verhältnis zum Psychotherapeuten ein neues Schulbeispiel für seine Minderwertigkeit konstruieren.

Es kommt alles darauf an, daß der Psychotherapeut von Anfang an die unbedingte Gleichwertigkeit des Patienten respektiert und ihn als ein selbständiges Subjekt behandelt, auch wenn er noch so deutlich zur Schau trägt, daß er sich selbst nur für ein Objekt hält. Auch hier ist es weniger wichtig, was man sagt, als wie man es sagt. Und es ist auch weniger wichtig, was der Patient antwortet, als wie er antwortet. Zur „Antwort" gehören nämlich nicht nur die gesprochenen Worte, sondern alle Bewegungen, der Gesichtsausdruck, ja sämtliche Funktionen des Körpers (Röte, Blässe, Pupillenweite usw.). Die psychotherapeutische Erfahrung entwickelt allmählich ein sehr sicheres Gefühl für die Beurteilung des menschlichen Gesamtverhaltens, so daß man allmählich lernt, eine sehr eingehende Unterhaltung zu führen, auch wenn der Patient sich in völliges Schweigen hüllt. Ein Zucken seiner Hände, eine Änderung im Ausdruck der Augen ersetzt vollkommen jede sprachliche Äußerung. Auch die Begriffe Lüge, Unaufrichtigkeit, Verstellung und Selbstbetrug fallen weg. Wer sich belügen läßt, ist kein Psychotherapeut; wer einer ist, durchschaut die lügenhaften Worte und die Maskerade der äußerlich angenommenen Haltung ohne Mühe. Und die

Tatsache, daß der Patient sich maskiert, wird ihm zur wichtigsten Mitteilung, die der Patient ihm machen kann.

Die verlegene Bescheidenheit des Patienten war selbstverständlich auch nur eine Maske; aber freilich eine lang gewohnte Maske, die er selbst nicht mehr als solche erkannte. Er glaubte, „dies sei seine Natur", aber es erwies sich bald, daß es nur seine „zweite Natur" war.

Der Psychotherapeut fragte ihn zunächst nach seiner frühesten Kindheitserinnerung. Und der Patient wollte in pedantischer Kleinlichkeit errechnen, welches von zwei Erinnerungsbildern wohl früher anzusetzen sei. Vor lauter Angst, etwas Falsches zu sagen, sagte er gar nichts. Und der Therapeut machte ihn lachend darauf aufmerksam, daß in diesem Falle „gar nichts sagen" noch falscher sei, als „etwas falsches sagen". Dann glitt das Gespräch weiter. Aber es war beiden klar, daß hier schon ein Grundton der Tragödie angeklungen war. Um nichts Falsches zu tun, gar nichts tun! – Wenn man das Ideal der Fehlerlosigkeit nicht erreicht, auf alle Ideale verzichten! Das mußte hier, wie bei so vielen Menschen, der erste Paragraph der inneren Verfassung sein.

Die erste Kindheitserinnerung lautete: „Ich bin ganz klein, etwa zwei Jahre alt, und sitze laut weinend auf einer großen Decke mitten im Kinderzimmer. Das Spielzeug, wahrscheinlich ein Ball oder auch eine Puppe, ist mir so weit weggerollt, daß ich es nicht mehr erreichen kann. Es liegt schon nicht mehr auf der Decke. Meine Mutter soll es mir wiedergeben. Aber sie ist nicht da. Ich weine laut. Es ist ein sehr großes Unglück."

„Wenn Sie zwei Jahre alt waren, konnten Sie doch wohl schon laufen, aber ganz sicher hätten Sie kriechen können." – „Auf den Gedanken wäre ich nie gekommen. Aber Sie haben wohl recht, ich hätte mir die Sache selber holen können, nur – ich war zu unglücklich dazu." Wer sich auf Charakterkunde versteht, sieht hier den ganzen Menschen, sein ganzes jammervolles Schicksal, sein Übermaß von Mißerfolg und Qual, zusammengedrängt in das erste Erinnerungsbild seines Lebens. Und er weiß auch, daß unter den zahllosen Ereignissen der Kindheit gerade dieses eine in der Erinnerung aufbewahrt wurde, weil es gleichsam den Niederschlag, den bleibenden Bodensatz oder den symbolischen Ausdruck für viele ähnliche Begebenheiten bildet.

Der Psychotherapeut sagte daher dem Patienten, daß er zweifellos von seiner Mutter verwöhnt worden sei, daß er nicht gelernt habe, sich selbst zu helfen, und daß er den Anspruch auf fremde Unterstützung nicht nur wie sein gutes Recht, sondern sogar wie ein unverbrüchliches Naturgesetz in sich trage. – Der Patient bejahte zunächst diese Ansicht, erzählte, daß er als einziges Kind sehr verzärtelt worden sei, daß er verhältnismäßig lange Zeit Mädchenkleider getragen habe und daß die Mutter seinen Vornamen, Julius, in die mädchenhafte Verkleinerungsform „Julchen" abgewandelt habe. Was aber mit dem unverbrüchlichen Anspruch gemeint sei, könne er nicht verstehen.

Die Unterhaltung hatte inzwischen mehr und mehr die Form einer wichtigen Aussprache zwischen zwei gleichberechtigten Forschern angenommen. Vielleicht schien es dem Patienten gelegentlich interessant, daß er selbst der Gegenstand so überraschender Feststellung war. Aber die sachliche und gleichmäßig freundliche Sprechweise des Therapeuten ließ keine Eitelkeit aufkommen. Und alle Versuche, die Fehler zu beschönigen und die Mutter oder sich selbst zu entschuldigen oder zu beschuldigen, wurden allmählich unterlassen, weil sie gegenüber dieser Denkweise, die sich von jeder moralischen Wertung freihielt, völlig überflüssig waren. Das neutestamentliche „Richtet nicht" erwies sich hier (wie in der gesamten Psychotherapie) als das heilsame Rezept, das allein imstande ist, die Wahrheit, die frei macht, ans Licht zu bringen.

Als der Patient sich verabschiedete, war er weder verlegen noch ängstlich. Seine Bescheidenheit hatte die Färbung der selbstverständlichen menschlichen Umgangsformen angenommen. In klarer, sachlicher Weise wurde die nächste Zusammenkunft vereinbart, und mit dem Händedruck, der die natürliche Achtung zweier erwachsener Menschen voreinander ausdrückt, trennte man sich. –

Die Regel heißt: *In jeder psychotherapeutischen Behandlung stehen sich vom ersten Augenblick an zwei gleichberechtigte, freie Menschen gegenüber. Je besser dies Verhältnis in Ton und Form der Unterredung seinen Ausdruck findet, um so rascher wird der Patient nicht nur von aller bewußten Verstellung, sondern auch von aller unbewußten Maskerade frei. Je weniger er eine moralische Bewertung seines Schicksals oder seiner Verhaltungsweise (oder auch seiner Angehörigen) zu fürchten hat, um so natürlicher gibt er sich, und um so rücksichtsloser verrät er (bewußt oder unbewußt) die Wahrheit. – Der Grad der Wahrhaftigkeit des Patienten hängt also ab vom Grad der Sachlichkeit des Therapeuten.*

§ 30

Die Entwicklung des Leidens

In der nächsten Zeit fanden wöchentlich drei Besprechungen statt. Sie brachten dem Patienten in der Hauptsache das Verständnis für die historische Entwicklung und den inneren Zusammenhang seiner verschiedenen Charaktereigenschaften. Nebenbei bereitete sich freilich auch das Erlebnis vor, das im folgenden Kapitel beschrieben werden soll. Doch stand vorläufig das Herausarbeiten der „Einsicht“ durchaus im Vordergrund.

Er war zunächst der Meinung, daß die für seinen Beruf so ungünstige Charakterhaltung ein Familienerbteil darstelle, mit dem er sich abzufinden habe. Bald aber erwies sich, daß zwar in seiner Familie ziemlich viel schüchterne, versonnene und passive Charaktere vorkamen. Aber bei all denen, deren Entwicklung man genauer verfolgen konnte, hätte, selbst wenn ein empfindlicher und einseitig belasteter Organismus vorlag, die Entwicklung trotzdem ebensogut zu einer produktiven Auswertung dieser Empfindlichkeit führen können, wenn nur die Erziehung beizeiten auf dieses Problem Rücksicht genommen hätte. Und tatsächlich gab es in einem Zweige dieser Familie, dank der lebendigen und verständnisvollen Pädagogik einer warmherzigen Frau, mehrere produktive Menschen, denen es gelungen war (wie Gerhart Hauptmann sagt), „Kraft aus ihrer Schwäche zu nehmen“.

Nachdem auf diese Weise die übliche Berufung auf die Vererbung unmöglich geworden war, trat der dialektische Dreischnitt zwischen der (subjektalen) Entwicklung des Kindes, der (objektalen) Einwirkung der Umwelt und der (wieder subjektalen) Gegenwirkung des Kindes deutlich hervor. Der Knabe hatte sich zunächst entfaltet wie jedes andere Kind auch. Die Mutter hatte ihm aber alle „gröbere Arbeit“ abgenommen. Sie hatte ihm so die Einsicht verschafft, daß erstens die Erwachsenen alles besser können als die Kinder, und daß zweitens die Erwachsenen deshalb den Kindern alle schwereren Aufgaben abnehmen müssen. Auf Grund dieses kindlichen Weltbildes, das mit dem mütterlichen Weltbild übereinstimmte, ergab sich zunächst ein Gleichgewichtszustand, der für die ersten drei oder vier Jahre eine scheinbar glückliche Kindheit und eine scheinbar normale Entwicklung schuf. Erst als neue Anforderungen an das Kind herantraten, nämlich als man selbständiges Handeln von ihm verlangte, das über den Rahmen des bisher Gelernten hinausgriff, zeigte es sich, daß er nicht imstande war, auf eigene Verantwortung auch nur das geringste Wagnis zu unternehmen.

Nun setzte von seiten der Mutter, die sich durch die „Feigheit“ des Kindes in ihrem Elternstolz gekränkt fühlte, eine Reihe von Versuchen ein, die darauf hinausliefen, das kindliche Verhalten zu ändern. Er sollte lernen, allein durch ein dunkles Zimmer zu gehen, allein sein Spielzeug aufzuräumen, allein sich Schuhe und Strümpfe anzuziehen und allein Besuche bei den Nachbarskindern abzustatten. Einige dieser Aufgaben löste er schließlich unter dem Drucke der mütterlichen Vorhaltungen angstvoll und maschinenmäßig, aber ohne alle innere Beteiligung. Er lief mit angehaltenem Atem und geballten Fäusten durch das dunkle Zimmer, nicht weil er mutig genug war, sondern weil die Mutter es so haben wollte. Und dieser scheinbare Erfolg erwies sich bei genauerem Nachforschen als Rückschritt, denn die Abhängigkeit des Kindes von der Mutter wuchs nur noch mehr. Überall, wo eine Tat über den engen Rahmen der täglichen Gewohnheit hinausreichte, konnte der Knabe nur noch handeln, „weil die Mutter es so haben wollte“. Er wurde nicht zum selbständigen Subjekt, sondern zu einem ausführenden Organ des mütterlichen Willens. – Die Mutter aber war mit diesem Gehorsam sehr zufrieden.

Die schwierigste Aufgabe blieb immer der Besuch bei den Nachbarn. Denn man wußte zwar im großen und ganzen, wie die Mutter es haben wollte, und man benahm sich dementsprechend. Man wurde auch gelobt, und man war stolz, wenn man nach Verrichtung des Dienstes wieder nach Hause kam. Aber es konnte sich bei derartigen Gelegenheiten so viel Unvorhergesehenes ereignen, daß man schließlich doch auf die eigene Entscheidung angewiesen blieb. Und wenn man sich falsch entschied – was zu erwarten war, da man das Sich-Entscheiden nicht gelernt hatte – so wurde man nicht nur von den Nachbarsleuten, sondern auch von der Mutter selbst zur Verantwortung gezogen. Man wurde also behandelt, als ob man das wäre, was man auf keinen Fall sein wollte, nämlich ein selbständiges Wesen, ein Mensch, der Subjekt und Objekt zugleich ist.

Aus den ersten Schuljahren war dem Patienten eine Überlegung noch erinnerlich, aus der nicht nur die hochgradige Unselbständigkeit und Verschüchterung des Kindes hervorgeht, sondern auch die schwere, fast philosophische Gedankenarbeit, die es zur inneren Überwindung seiner Widersprüche aufwenden mußte. Er hatte damals oft gedacht: „Wie man es mit den toten Dingen machen muß, kann man lernen, wie man es mit den Tieren machen muß, läßt sich zwar schwer lernen, aber man braucht sich mit Tieren auch nicht abzugeben. Wie man es mit den Menschen machen muß, läßt sich gar nicht lernen, aber es läßt sich auch nicht vermeiden, daß man sich mit ihnen abgeben muß. Also sind die Menschen das Unglück in der Welt.“ Der innere Widerspruch, der in diesem Gedankengang anklingt, läßt schon den Teufelskreis erkennen, durch den sich der Leidenszustand des Patienten schließlich bis zur Unerträglichkeit steigern mußte. Des Genaueren lautet er etwa: „Ich will immer tun, was die Mutter von mir verlangt, denn sonst würde sie böse werden, und das könnte ich nicht überleben. Darum lerne ich auswendig, was ich sagen und tun soll. Auf eigene Faust wage ich nichts mehr zu unternehmen, um ihr nur ja nicht zu mißfallen. Aber sie verlangt von mir, daß ich auf neue, noch nie dagewesene Fragen eine neue, noch nicht erlernte Antwort geben soll. Das aber heißt, ich soll auf eigene Faust etwas wagen; und das eben muß ich vermeiden, um nicht gegen ihren Willen zu verstoßen. Also gerade durch meinen Gehorsam gegen sie kommt es, daß ich gegen ihren Willen handeln muß. Sie wird mich bestrafen, wenn ich nicht zu den Nachbarn gehe, und sie wird mich auch bestrafen, wenn ich hingehe, denn dann werde ich mich dort anders benehmen, als sie es wünscht." — Die produktive Lösung des Widerspruchs, die aus den letzten Sätzen scheinbar von selbst herausspringt, ist dem Kinde auf Grund seiner bisherigen Entwicklung völlig unvorstellbar. Daß es zu den Nachbarn gehen und sich dort auch in bisher unbekannten Lagen zur Zufriedenheit der Erwachsenen betragen könnte, vermag es nicht zu denken.

Diese Mutlosigkeit des Kindes, dieses Mißtrauen gegen seine eigene, ihm innewohnende Produktivität, hat die Mutter durch ihre beiden einander entgegengesetzten Erziehungsmaßnahmen regelrecht gezüchtet. Sie hat ihm zunächst ihrerseits alle schweren Leistungen abgenommen und hat es dann gelehrt, schwere Leistungen auftragsgemäß, also unselbständig und nur auf Verantwortung der Mutter, zu vollbringen.

Als der Knabe eingesegnet wurde, war er ebenso gehorsam wie unselbständig. Und sein Minderwertigkeitsgefühl war ebenso groß wie sein Geltungsbedürfnis. Er hatte in seinem Bewußtsein zwei verschiedene Urteile über sich selbst, die einerseits im Widerspruch zueinander standen und andererseits doch gut zueinander paßten. Das eine Urteil hieß: „Ich kann keinen selbständigen Schritt auf Erden tun", und das andere lautete: „Ich bin der beste und gehorsamste Knabe, den es nur geben kann." Beide aber, das Minderwertigkeitsgefühl und das Geltungsstreben, liefen darauf hinaus, daß er auf alle Fälle vermeiden mußte, Subjekt und Objekt zugleich zu werden. Er machte sich äußerlich zum Nur-Objekt, zum gehorsamen Mittel der Erwachsenen, um innerlich Nur-Subjekt, fehlerloser und schicksalsloser Engel bleiben zu können.

Alles weitere ergab sich aus dieser Grundeinstellung mit unerbittlicher Folgerichtigkeit. Er wurde von den meisten Menschen verächtlich, lächerlich oder bemitleidenswert gefunden. Seine Leistungen waren gut oder sogar sehr gut, wo es sich nur um die Anwendung auswendig gelernter Kenntnisse handelte. Aber er versagte vollständig, wo er von sich aus einiges hätte geben müssen. In Gegenwart anderer Menschen schwieg er ganz oder antwortete nur auf direkte Fragen mit gut gelernten Zitaten. Und als er der Tradition der Familie folgend als kaufmännischer Lehrling in ein Exportgeschäft eintrat, begann für ihn eine Leidenszeit, die sich jeder Psychologe leicht ausmalen kann. Ja, es muß vielleicht gefragt werden, wie er denn trotz dieser lebenswidrigen Charakterhaltung noch als Kaufmann hat vorwärts kommen können. Man müßte sich also eher über den Grad seiner Leistungsfähigkeit als über den Grad seiner Leistungsunfähigkeit wundern. Aber man bedenke, daß er aus einer alten Kaufmannsfamilie stammte, die viel Verbindungen besaß, und daß er innerhalb seines Berufes mancherlei Gelegenheit hatte, seine Geschicklichkeit in der Anwendung gelernter Formeln zu betätigen.

Das Bild seiner Charakterentwicklung wird wenigstens in großen Umrissen dem Leser ebenso deutlich geworden sein wie dem Patienten und dem Psychotherapeuten. Die Frage aber, die nun immer dringender in den Vorgrund trat, lautet: wenn dies so ist, wie wir jetzt zu sehen glauben — was soll man dann tun, um dem Übelstand abzuhelfen? — Und damit kommen wir zur nächsten Stufe der Hilfeleistung. —

Die Regel lautet: *Man ordne die Mitteilungen, die der Patient macht, stets so, daß beide, der Patient und der Therapeut, mit dem daraus entstehenden Charakterbild einverstanden sind. Alle Einwände des Patienten benutze man zur Vervollständigung oder zur Korrektur dieses Bildes. Auch sein gegenwärtiges Verhalten und auch die Art, wie er Einwände macht, oder wie er sich ohne Einwand der Meinung des Therapeuten anschließt, muß als wichtiger Zug in das Charakterbild eingegliedert werden. — Gelingt es aber nicht, das zusammengetragene Material zu ordnen, oder gelingt es nicht, das nötige Material zusammenzutragen, so ist die Arbeitsgemeinschaft zwischen Patient und Therapeut nicht sachlich genug, und der Therapeut muß sich fragen, an welchen Äußerungen seines eigenen Minderwertigkeitsgefühls oder seines Geltungsstrebens es liegt, daß er in der Arbeit nicht vorwärts kommt.*

Elftes Kapitel

Widerstände

§ 31

Einwände

Wenn man die Entstehung einer solchen Charakterschwierigkeit in der angedeuteten Weise versteht, wird man einsehen, daß der Patient zwar einerseits den Wunsch hat, gesund zu werden, daß er aber andererseits vor dem Schritt in die Gesundheit eine tiefe und zunächst unbewußte Scheu in sich tragen muß. Den Ausgangspunkt seiner Schwierigkeit bildet ja die Erfahrung „Ich kann nicht", und diese Erfahrung wird verstärkt und festgehalten durch die drohende Erinnerung an äußerst schmerzliche Mißerfolge. Wenn man sich nämlich verleiten läßt, dasjenige, was man nicht kann, trotzdem zu wagen, so muß man die Folgen für diese frevelhafte Kühnheit auf sich nehmen: man erleidet eine Niederlage, man wird ausgelacht, und man hat von neuem eingesehen, daß jenes alte „Ich kann nicht" zu Recht besteht.

Wir befinden uns hier an einer Schwelle, die in jedem Menschenleben einmal eine Rolle spielt, die auch in der Selbsterziehung überschritten werden muß, und die in der Psychotherapie als eine der gefährlichsten Klippen bezeichnet werden kann. Es kommt darauf an, dem Patienten klarzumachen, daß in seinem eigenen Innern eine sehr verständliche und zunächst auch berechtigte Tendenz am Werke ist, die ihn in der Krankheit festhalten möchte. Krank sein bedeutet zwar auf Grund seiner jetzigen Erfahrungen: leiden und das Leben versäumen. Aber gesund sein, mutig sein, ein Mann sein, bedeutet auf Grund jener frühkindlichen Erfahrungen: Unmögliches tun müssen, in frevelhaftem Hochmut sich Gefahren aussetzen, denen man nicht gewachsen ist, und mit unausweichlicher Gewißheit auf den althergebrachten Standpunkt der Mutlosigkeit und der Ohnmacht zurückgeworfen werden.

Meist hat man aus der Lebensgeschichte des Patienten schon eine erdrückende Fülle von Einzelheiten, die ihm das Vorhandensein dieser seltsamen Tendenzen zur Genüge beweisen. Und wenn es sich um einigermaßen intelligente Patienten handelt, erreicht man auch bald, daß sie verstandesmäßig neben ihrem Gesundheitswillen auch ihren Krankheitswillen anerkennen. Aber es dauert fast ausnahmslos mehrere Wochen, bis ein Mensch sich daran gewöhnt hat, gegen seine eigenen Lebensäußerungen mißtrauisch zu sein und sich neben dem Bewußtsein noch ein gleichzeitiges Bewußtsein des geheimen Sinnes dieser Gefühle und Gedanken anzuzeigen.

Die Zeit, die bis dahin vergeht, pflegt ausgefüllt zu sein mit immer neuen Äußerungen des oben erwähnten Widerstandes gegen die Genesung. Und immer wieder muß der Patient erleben, daß ein Gedanke, ein Gefühlsurteil oder eine Handlung, die ihm als selbstverständliche und unmittelbare Äußerung seiner gesunden Lebendigkeit erschien, sich nachträglich doch noch als künstliche Sicherung gegen das Gesundwerden erweist.

Zunächst sind es fast immer Gedanken und theoretische Erwägungen, die sich im Anschluß an gewisse Selbstbeobachtungen dem Patienten aufdrängen, und die der Therapeut sorgfältig mit ihm durchsprechen muß. Die Berufung auf die Vererbung, die in unserem Falle schon in der ersten Stunde zur Sprache kam, gehört inhaltlich ebenfalls zu diesen „theoretischen Widerständen". Und an zweiter Stelle stand die Berufung auf naturgegebene und nicht weiter auflösbare „Triebe" oder „Grundzüge des Charakters". – „Ich habe nun einmal diesen Willen zur Krankheit oder diese Furcht vor dem Leben ebenso in mir wie den Willen zur Gesundheit und die Sehnsucht nach dem Leben. Sie haben mir das Vorhandensein dieser beiden Triebe sehr richtig nachgewiesen. Aber ich bin jetzt, wo ich die Zusammenhänge überschaue, nur noch unglücklicher als vorher. Denn früher wußte ich wenigstens nicht, woran ich litt. Jetzt weiß ich es und weiß auch, daß man mir helfen kann."

Die Antwort lautet: „Die beiden Triebe, von denen Sie sprechen, sind aber keine tatsächlich vorhandenen Kräfte. Es handelt sich dabei nicht um etwas von Natur Gegebenes, das man einfach hinnehmen müßte, wie die Schwerkraft oder die Elektrizität. Sondern es handelt sich um die beiden Möglichkeiten oder Wege, die jedem Menschen offenstehen. Sie haben die Möglichkeit, gesund zu werden, und Sie haben die Möglichkeit, krank zu bleiben. Wenn Sie gesund werden wollen, müssen Sie die Kosten der Gesundheit mit in Kauf nehmen, Sie müssen nämlich lernen, Niederlagen auszuhalten. Und wenn Sie krank bleiben wollen, müssen Sie die Kosten der Krankheit auf sich nehmen, Sie müssen sich nämlich damit abfinden, daß Sie dann am Leben vorbeileben. Was Ihnen aber jetzt als das gleichzeitige Vorhandensein zweier Triebe erschien, das ist in Wirklichkeit der einfache Wunsch, weder die Kosten der Gesundheit, noch die Kosten der Krankheit zu übernehmen. Sie möchten nämlich weder Niederlagen ertragen, noch auch am Leben vorbeileben. Sie möchten laufen, ohne den Boden zu berühren, und möchten die Treppe hinaufkommen, ohne von Stufe zu Stufe zu gehen."

Der Patient war sichtlich verstimmt. Es schien fast, als ob schon hier ein Widerstand aus zweiter Schicht, nämlich ein Zornausbruch, auftreten würde, aber plötzlich fing er an zu lachen und sagte: „Sie haben ganz recht. Ich möchte die Treppen hinaufgehen, ohne die einzelnen Stufen zu ersteigen. Ich träume immer wieder, daß mein bloßer Wunsch genügt, um mich in die Höhe zu tragen. Ich fliege im Traum ohne Flügel und finde es durchaus selbstverständlich." — Hier zeigt sich zum erstenmal der Gegenpol des Minderwertigkeitsgefühles, das bisher durchaus im Vordergrund stand. Der Patient möchte durch seinen bloßen Wunsch die Schwierigkeiten des Lebens überwinden. Er möchte das Unmögliche möglich machen, ja man kann vielleicht sagen, er möchte allmächtig sein. Aber dieser Gedanke, der die eigene Allmacht als etwas Selbstverständliches darstellt, liegt so tief verborgen in der Seele des Kranken, weil er sich aus zwei guten Gründen nicht hervorwagen darf. Erstens ist er in sich so widersinnig, daß kein erwachsener Mensch ihn ernstlich zu Ende denken wird; und zweitens steht er in krassem Widerspruch zu dem übrigen Gedankeninhalt des schüchternen und lebensscheuen Patienten. Erst die eingehenden therapeutischen Gespräche bringen ihn ans Licht, und es ist gut, wenn man ihn zunächst nicht allzustark betont, weil er sonst wieder für lange Zeit aus dem Bewußtsein verschwindet.

Der Einwand, daß der Patient sich mit zwei in ihm vorhandenen und einander widersprechenden „Trieben" auseinandersetzen müsse, war in der angedeuteten Weise aus dem Wege geräumt. Man einigte sich auf die Formel, daß es sich nicht um zwei Pferde handelte, die an einem Wagen nach zwei verschiedenen Seiten ziehen, sondern daß der Kutscher weder rechts noch links fahren wolle, weil ihm beide Wege zu beschwerlich schienen. Und auf Grund dieser Formel war klar, daß man die Beschwerden eines der beiden Wege unweigerlich ertragen mußte, und daß nur die Wahl zwischen fruchtbaren Leiden und unfruchtbaren Qualen noch frei stünde.

Bald darauf aber erhob sich ein neuer Einwand. Der Patient brachte sein Horoskop und bewies aus der Opposition von Mars und Saturn und aus einer sehr ungünstigen Stellung des Mondes, daß ihm von Geburt an das Schwanken zwischen zwei unannehmbaren Wegen vorher bestimmt sei. Der Therapeut vertiefte sich mit ihm in die astrologischen Aspekte und wies ihm auch hier nach, was er ihm vorher in anderer Ausdrucksweise nachgewiesen hatte, daß es sich nämlich im Leben allenthalben um Aufgaben handelt und nicht um starre Gegebenheiten. Es zeigte sich, daß die Opposition durch ein Jupiter-Sextil auflösbar war und daß der Jupiter dem Patienten zwar in seiner Phantasie sehr vertraut, in der Wirklichkeit aber vollkommen fremd gegenüberstand.

Er dachte oft über Gerechtigkeit und Güte nach, war aber nicht imstande, im täglichen Leben auch nur das Geringste davon zu verwirklichen. – Nach diesem einmaligen Gespräch wurde die Astrologie nie wieder als Schlupfwinkel benutzt.

Bei dieser Gelegenheit muß erwähnt werden, daß es immer ein Fehler ist, wenn ein Fluchtversuch des Patienten prinzipiell als unsinnig zurückgewiesen wird. Wer hier etwa die Astrologie hätte als Teufelswerk oder törichten Aberglauben hinstellen wollen, hätte dadurch bewirkt, daß die Fluchtbereitschaft des Patienten sich immer und immer wieder hinter dem Horoskop verschanzt hätte. Man ist es der Gleichberechtigung und der menschlichen Gleichwertigkeit zwischen dem Patienten und dem Therapeuten schuldig, daß man seine Gedanken ernst nehme, daß man ihren Wahrheitsgehalt, und mag er noch so geringfügig sein, sorgsam herausschäle, und daß man erst dann, nachdem man ihn hat Gerechtigkeit widerfahren lassen, seine geheime Bedeutung im Dienste des Widerstandes gegen die Genesung herausarbeite. Dazu gehört freilich, daß man mit den unterschiedlichen Sprachen, in denen der Widerstand sich zu äußern pflegt, völlig vertraut ist. Aber wer Psychotherapie treibt, wird schon durch das Gedankenmaterial, das seine Patienten ihm entgegenbringen, in wenigen Jahren alle modernen Umwege des menschlichen Geistes recht gründlich kennenlernen. – Nicht nur die Astrologie und die Chiromantie, sondern auch die Antroposophie, die Christian Science und alle Sekten des Christentums sowie alle politischen Parteien ohne Ausnahme können gelegentlich als Barrikaden gegen die Gesundheit benutzt werden. Und der Therapeut muß wie Paulus imstande sein, mit den Juden jüdisch und mit den Griechen griechisch zu reden. Er muß alle diese Sprachen so weit beherrschen, daß er in ihnen die Wahrheit beweisen kann, die im Mittelpunkt der Therapie steht: daß nämlich kein Gedankensystem und keine Weltanschauung es dem Menschen ersparen kann, die Entscheidung für sein eigenes Leben auf sich zu nehmen und die Folgen dieser Entscheidung zu tragen.

Noch wichtiger aber ist eine weitere Aufgabe, die sich für den Therapeuten an die eben geschilderten Vorgänge anzuschließen pflegt. Nachdem nämlich dem Patienten eine Reihe von Widerständen in der beschriebenen Weise verständlich gemacht worden sind, gerät er meist in einen Zustand, den man als innere Unsicherheit und Verwirrung beschreiben kann. Da nun aber die „Flucht vor der Gesundheit“ von Jugend auf schon gleichbedeutend war mit Mangel an Vertrauen zum Leben, so trägt die nun überhandnehmende Unsicherheit begreiflicherweise zu einer Verstärkung der Fluchttendenz bei. Der Patient fühlt sich unglücklich, seine krankhaften Symptome steigern sich, und er selbst und seine Angehörigen sagen: „Nun sieht man ja, daß dieses Wühlen in den seelischen Zusammenhängen die Sache nicht besser macht. Dadurch wird es im Gegenteil nur immer schlimmer."

Die therapeutische Aufgabe besteht nun darin, diese Erschütterung auszunützen, um die falsche, starre und lebenswidrige Charakterverfassung endgültig aufzulösen und den neuen, beweglicheren und produktiveren Verhaltungsweisen die Bahn frei zu machen. Aber auch wenn der Therapeut noch so richtig vorgeht, ist dieses Ziel an dieser Stelle der Behandlung nur schwer zu erreichen. In der größten Zahl der Fälle müssen nach den theoretischen erst noch die gefühlsmäßigen Widerstände durchgearbeitet werden, ehe die gewünschte Umorientierung zustande kommen kann. –

Die Regel für die Bewältigung der theoretischen Widerstände lautet: *Man gehe auf jeden Einwand des Patienten ein, man suche jedem sachlichen Bedenken gerecht zu werden, aber man vergesse dabei keinen Augenblick, daß auch eine an sich berechtigte Erörterung dazu benutzt werden kann, den Fortgang der Behandlung aufzuhalten oder die Besprechung auf einen Nebenkriegsschauplatz zu verschieben. Man weise diese tendenziöse Ausnutzung der theoretischen Einwände nach und stelle sie dadurch wieder in den Dienst des therapeutischen Hauptgedankens. – Wenn man sich aber auf Nebenwege ablenken läßt, und besonders, wenn es dem Patienten gelingt, die Erörterung auf einem Einzelgebiet festzuhalten, auf dem der Therapeut nicht zuständig ist, so muß der letztere sich fragen, welcher unsachliche Gesichtspunkt auf seiner (des Therapeuten) Seite an dieser Entgleisung schuld sein mag.*

§ 32

Verstimmungen

In der folgenden Woche wagte der Patient kaum mehr irgendeine Meinung zu äußern. Er begann stets mit der Einleitung: „Sie werden mir ja doch sofort zeigen, daß ich unrecht habe." Oder gar: „Sie können ja doch keine Meinung außer der Ihrigen gelten lassen und müssen alles so wenden, wie es in Ihre Theorie paßt." Und dann erzählte er, daß er jetzt infolge seiner Unsicherheit im Geschäft die verschiedensten Fehler mache, die früher nicht vorgekommen seien.

Schon die Art, wie er von diesen Dingen sprach, und wie er dem Therapeuten die Verantwortung zuschob, ließ deutlich erkennen, daß er ihm gegenüber in eine Einstellung geraten war, die ungefähr der

Abhängigkeit eines zehnjährigen Knaben von seinem Erzieher entsprechen mochte. Er fühlte sich bevormundet und in seiner Menschenwürde bedroht und wehrte sich dagegen in krassen Rachephantasien, in denen er sich ausmalte, wie er den Therapeuten an den Händen aufhängen und an den Füßen mit Eisenstücken beschweren wollte. In der Wirklichkeit aber beschränkte er sich darauf, ihm die Schuld an seinem immer stärkeren beruflichen Versagen zuzumessen.

Der Therapeut sagte: „Sie leben jetzt nach dem Satze: Es ist meiner Mutter ganz recht, wenn mir die Hände frieren, warum kauft sie mir keine Handschuh! – Wie aber wäre es, wenn Sie sich selber einmal Handschuhe kaufen würden?" – „Ich verstehe kein Wort. Ich merke nur, daß Sie schon wieder recht haben wollen, und daß ich im Unrecht bleiben soll." – „Ja, Sie sehen augenblicklich alles Geschehen und besonders alles Geschehen zwischen uns beiden nur von dem Gesichtspunkt aus, wer recht hat und wer unrecht hat, wer also der Überlegene und wer der Unterlegene ist. Darauf kommt es aber in Wirklichkeit gar nicht an. Es handelt sich doch nur darum, was wahr ist und was nicht. Ob Sie oder ich nun das Wahre herausfinden, ist ganz einerlei. Es läßt sich nicht einmal genau entscheiden, wer es herausfindet, sondern die Wahrheit wächst allmählich zwischen uns beiden aus unseren Gesprächen hervor. Und diese Wahrheit ist das, was Sie freimachen wird. Aber der eine von uns ist an ihr nicht weniger beteiligt als der andere, sondern wir sind gleichwertige Menschen, die zusammen nach der Wahrheit suchen wollen."

„Nein", sagte der Patient, „ganz so ist es nicht! Sie müssen zwar immer so reden, weil es in den therapeutischen Büchern so aufgeschrieben steht, daß Therapeut und Patient gleichwertig sein sollen. Aber das ist nur die schöne Maske, hinter der die Herren Ärzte ihre Gemeinheit verstecken. In Wirklichkeit sind sie alle, die Mediziner und die Theologen und die Pädagogen, nur eine bessere Art von Scharfrichtern, und wir Patienten sind die Verbrecher. Ich sage Ihnen, man kommt sich vor wie ein Häufchen Dreck, auf dem Sie, Herr Scharfrichter, herumtrampeln können, um Ihre sadistischen Gelüste nach Herzenslust auszutoben! – So ist es, und damit basta! – Meinetwegen beweisen Sie mir nun wieder, daß ich mich irre, und daß mein Minderwertigkeitsgefühl mir wieder einen Streich gespielt hat – also bitte, trampeln Sie weiter auf mir herum!"

„Jetzt ist Ihre Stimmung so, als ob Sie mir machtlos ausgeliefert wären, was doch gar nicht der Fall ist. Sie denken und fühlen wie ein achtjähriger Junge gegenüber einem Erzieher, der ihn durchaus nicht versteht. Es ist, als ob Sie vergessen hätten, wie alt Sie sind."

„Wie ein Achtjähriger benehme ich mich? Nein, wie ein Sechsjähriger! Wie ein Vierjähriger! Wie ein Baby! Wie ein Embryo! Ich sage ja, ich bin ein Häufchen Dreck! Sie — Sie — Sie Satan, Sie Verbrecher, Sie Mörder!" (Und dann nach einer Pause, in der er vergebens die Fassung wiederzugewinnen suchte:) „Gott sei Dank habe ich Sie noch rechtzeitig durchschaut! Ich war nahe daran, sehr nahe daran, mich von Ihren Künsten einfangen zu lassen! — Sie Rattenfänger! — Aber jetzt sind Sie durchschaut! — Jetzt gelingt es Ihnen nicht mehr!"

„Lassen Sie uns überlegen, wie die Lage ist."

„Überlegen Sie allein! Ein Haufen Dreck ist zu dumm zum Überlegen!"

In der Stimmung des Patienten war jetzt der Punkt erreicht, an dem Minderwertigkeitsgefühl und Geltungsbedürfnis in eins zusammenfallen. Die äußere Selbsterniedrigung bedeutet gleichzeitig das Höchstmaß an Vorwurf gegen den Therapeuten, und damit die äußerste Erniedrigung des andern und damit die eigene Erhöhung. Je kleiner er sich machte, um so mehr erhöhte er sich gleichzeitig. Und ebenso deutlich war, daß alle wichtigen Ereignisse im Leben des Patienten jetzt mit seinem Verhältnis zum Therapeuten in Beziehung gesetzt wurden. Alles, was geschah, hatte für ihn nur insofern Wichtigkeit, als es ihn (nach seiner Meinung) in den Augen des Therapeuten herauf- oder herabsetzte. Und drittens war deutlich, daß diese ausschließliche Wichtigkeit des Therapeuten nur verstanden werden konnte, wenn man sie als eine Wiederholung der typischen Abhängigkeit des verzärtelten, liebebedürftigen und anspruchsvollen Kindes von seiner Mutter auffaßte.

Der Therapeut spielte jetzt im Leben des erwachsenen Patienten genau die gleiche Rolle, die die Mutter im Leben des Kindes gespielt hatte. Benahm er sich so verständnislos, wie die Mutter sich benommen hatte, ließ er sich also durch den Zorn des Patienten beleidigen, oder ließ er sich durch seine Abhängigkeit schmeicheln, so mußte das Übel größer werden als vorher, weil der Patient wie bisher so auch weiterhin als reines Subjekt und bald als reines Objekt der Wirklichkeit aus dem Wege ging. Benahm sich der Therapeut aber richtig, so mußten an dieser Stelle die vor 30 Jahren begangenen Erziehungsfehler rückgängig gemacht werden können. Der Patient mußte begreifen, daß er weder nur Subjekt noch nur Objekt sein konnte, und mußte sich allmählich an die Tatsache gewöhnen, daß er wie alle Menschen gleichzeitig Subjekt und Objekt des Lebens zu sein hatte. — Aber bis zur völligen Klärung dieser Zusammenhänge mußten noch mehrere Wochen vergehen.

Die Arbeit der nächsten Stunden bestand darin, den eigentlichen Sinn des seltsamen Affektausbruchs verständlich zu machen. Und zwar kam es auch hier darauf an, zunächst dem sachlich berechtigten Bestandteil der Beschuldigungen gerecht zu werden und dann erst zu fragen, wie die Übertreibungen und Maßlosigkeiten in der Form des Ausbruchs zu erklären seien. Der Patient selber wunderte sich nachher sehr über die Kraßheit seiner Äußerungen. Er behauptete, daß er bisher nur ein einziges Mal etwas Ähnliches erlebt habe. Damals sei er mit dem Gedanken umgegangen, sich zu verloben. Und zu seiner größten Verwunderung sei die betreffende Dame beinahe darauf eingegangen. Dann habe sie ihm aber einmal drei Tage lang nicht geschrieben, und darüber sei er in eine so grauenhafte Wut geraten, daß er geglaubt habe, es werde nicht ohne Blutvergießen abgehen. „Nun sagen Sie mir aber", fuhr er fort, „wie komme ich sanfter Heinrich, der ich keiner Fliege ein Leid zufügen kann, zu so schrecklichen Grausamkeiten? Ich wollte damals das Mädchen an den Händen aufhängen und ihr Eisenstücke an die Füße binden."

„Genau wie Sie mit mir verfahren wollten."

Er erschrak sichtlich, fing dann aber an zu lachen. „Ja, mit Ihnen wollte ich es genau ebenso machen. Das ist sehr sonderbar – aber es ist doch entsetzlich."

„Wir müssen überlegen, woher diese Vorstellung eigentlich stammt. Dann werden wir vielleicht sehen, warum Sie Ihre Feinde – oder richtiger gesagt, Ihre Freunde – gerade auf diese Weise behandeln wollen."

„Ich weiß schon, woher der Gedanke kommt. Ich hatte als Kind ein griechisches Sagenbuch. Darin stand, daß Zeus seine Gattin, die Hera, an den Handgelenken am Himmel festband, und daß er Felsblöcke an ihren Füßen befestigte. Das war die Strafe für irgendeine Verschuldung. Das hat mir tiefen Eindruck gemacht. – Man sollte doch so etwas den Kindern nicht zu lesen geben."

„Wenn Sie das nicht gelesen hätten, hätten Sie sicher irgendeine andere Grausamkeit ausfindig gemacht, an der Ihre Phantasie sich genugtun konnte. Das Material fehlt den Kindern in dieser Richtung niemals. – Wichtig ist jetzt für uns aber die Entdeckung, daß Sie gar kein sanfter Heinrich sind. Sie sind genau so ein temperamentvoller und wilder Geselle wie wir anderen Menschen auch. Nur die Bedingungen, unter denen Ihre Wildheit zutage tritt, sind bei Ihnen etwas anders eingerichtet als bei den anderen. Unter welchen Bedingungen werden Sie wild? Das müssen wir jetzt herausfinden. Was war es denn, wofür die Hera bestraft werden sollte?"

„Ich glaube, sie hat dem Zeus die Treue gebrochen."

„Ja, ich glaube auch, daß es so etwas war. Sie hatte jedenfalls die Ansprüche, die er, der Göttervater, an sie stellte, nicht richtig erfüllt. Und das muß das gleiche Vergehen gewesen sein, das Ihre damalige Braut gegen Sie begangen hatte."

Der Patient antwortete nicht, sondern versank in Nachdenken, und der Therapeut fuhr fort: „Aber sagen Sie, Vater Zeus, welchen Anspruch, den Sie an mich stellten, habe ich denn verletzt, daß Sie mir das Schicksal der Hera bereiten wollten?"

„Was für schiefe Fragen Sie stellen! Die Hera hatte nicht einen unberechtigten Anspruch des Zeus verletzt, sondern sie hatte ihrerseits einen Fehler gemacht. Und Sie wollen es so drehen, als ob der Fehler auf seiten des Zeus gelegen hätte!"

„Sie haben ganz recht. Die Hera mag auch einen Fehler gemacht haben. Aber viel wichtiger ist die Frage, was auf seiten des Zeus vorgegangen ist. Denn falsch hat er sich, wenigstens nach unseren Begriffen, ganz sicher benommen. Es gibt gar kein Verbrechen, wofür man den anderen gerechterweise in dieser Form bestrafen dürfte. Es muß sich also um einen falschen Anspruch Ihrerseits handeln, o Zeus, denn sonst würden Sie nie in die olympische Wut geraten sein."

„Ich verweigere die Antwort. Denn Sie können nicht verlangen, daß ich die Geheimnisse meines Herzens auskrame, wenn Sie sich so frivol mir gegenüber ausdrücken." — —

Die Anrede „Vater Zeus" bedeutete offenbar nicht nur in der Form eine zu große Leichtigkeit, sondern auch inhaltlich einen zu starken Schritt vorwärts. Sie enthüllte das Geltungsstreben und den tyrannischen Liebesanspruch des Patienten allzu schonungslos. Darum zog er sich jetzt wieder in seine Abwehrhaltung zurück, und die weitere Bewußtmachung und Korrektur seiner lebenswidrigen Einstellung mußte aufgeschoben werden. Hätte der Therapeut diesen Fehler nicht gemacht, so wäre es vielleicht schon in dieser Stunde zu einem Durchbruch gekommen. Nun aber mußten beide, der Patient und der Therapeut, für den ichhaften Übermut des letzteren mit einer mehrwöchigen Verlängerung der Behandlung büßen.

Immerhin war beim Durcharbeiten der zornigen Verstimmung doch zutage gekommen, daß dem Minderwertigkeitsgefühl des Patienten ein ebenso starkes Geltungsbedürfnis entsprach, daß dieses Geltungsbedürfnis sich in bestimmten Forderungen äußerte, die an die jeweilige Beziehungsperson (zuerst die Mutter, dann die Braut und jetzt den Therapeuten) gerichtet wurden, und daß die denkbar krassesten

Machtäußerungen (Zornausbrüche und Rachephantasien) erfolgten, wenn jene Forderungen unerfüllt blieben.

Die Regel lautet: *Je mehr sich die Widerstände des Patienten in Stimmungsschwankungen äußern, für die der Therapeut verantwortlich gemacht wird, um so mehr spitzt sich die Behandlung auf die persönliche Auseinandersetzung zwischen den Beteiligten zu. Alle Falschheiten und Kraßheiten, die die Einstellung des Patienten dem Leben gegenüber kennzeichnen, treten nun in seiner Einstellung zum Therapeuten deutlich hervor. Je sachlicher der Therapeut sie zu beleuchten versteht, um so eher wird der Patient sie überwinden. Jede Unsachlichkeit aber, die der Therapeut sich zuschulden kommen läßt, verzögert die Heilung für längere Zeit.*

§ 33

Vertrauensfragen

In den nächsten Tagen war der Patient wiederum verstimmt, aber nicht mehr im Sinne von Affekten, die ohne sein Zutun aus der Tiefe seines Wesens aufstiegen, und die sich nicht unterdrücken ließen, sondern jetzt im Sinne eines bewußten Gekränktseins. Er sprach nur wenig und widerwillig und zeigte kaum noch Interesse an der Fortsetzung der Behandlung. Als der Therapeut ihn fragte, was der Grund dieses Verhaltens sei, sagte er, er habe das Vertrauen verloren, ohne freilich angeben zu können, warum und seit wann. Aber es ergab sich bald, daß diese Wendung im Anschluß an das Gespräch über Zeus und Hera eingetreten war.

In der Nacht darauf hatte er geträumt, ein großer schöner Papagei, der an einer Kette festgemacht war, habe ununterbrochen mit feierlicher Stimme gerufen: „Zeus und Hera, Zeus und Hera!“ und bei näherem Zusehen habe er bemerkt, daß der Papagei auf der Armlehne des Sessels hockte, auf die sich der Therapeut öfters zu setzen pflegte; und die Kette sei an seinem Schreibtisch festgemacht gewesen.

Wie bei jeder Traumanalyse fragte der Therapeut, was ihm (dem Träumer) zu den einzelnen Bestandteilen des Traumes oder auch zum ganzen Traum etwa einfiele. Und der Patient sagte nach einigem Besinnen: „Es ist kein Zweifel, daß mit dem Papagei nur Sie gemeint sein können. Es ärgert mich nämlich oft, daß Sie sich so nachlässig auf die Seitenlehne Ihres Sessels setzen. Ich habe als Kind gelernt, daß das ungehörig ist, und ich empfinde darin eine Beleidigung gegen mich.“

„Ja, das verstehe ich. Aber warum ist der Papagei festgekettet?"

Nach einer Pause meinte der Patient, das könne er nicht gut sagen, da darin eine Beleidigung gegen den Therapeuten läge. Darauf folgte die neuerliche, lachend und harmlos gegebene Versicherung, daß es sich hier nicht um persönliche Herab- oder Hinaufsetzung handle, sondern einzig und allein um das gemeinsame Suchen nach den Ursachen der Charakterschwierigkeiten. Und darauf gab der Patient die Erklärung: „Ich habe gestern, also am Tage nach dem Traum, mehrfach gedacht, daß ich mich doch in Ihnen getäuscht hätte. Zuerst war ich nämlich der Meinung, Sie seien ein außerordentlich freier, großzügiger und vielseitiger Mensch, nun scheint es mir aber doch – entschuldigen Sie –, daß Sie an Ihr psychologisches Dogma gefesselt sind wie mit einer Kette, und daß Sie – entschuldigen Sie – immer dasselbe sagen, beinahe wie ein Papagei."

Auf dem Gesicht des Patienten malte sich eine seltsame Mischung von Feindschaft, Zorn, Traurigkeit und ängstlicher Bitte um Verzeihung. Aber da der Therapeut in herzliches Lachen ausbrach, fing er plötzlich selbst auch an zu lachen, und zwar so befreit und hell, wie er (nach seinem eigenen späteren Urteil) seit vielen Jahren nicht mehr gelacht hatte.

„Sind Sie wirklich nicht beleidigt?" fragte er zwischendurch immer wieder. Und der Therapeut antwortete: „Nein, durchaus nicht. Sie haben wahrscheinlich recht, ich bin zu sehr Dogmatiker. Aber ich finde es herrlich, wie so ein Traum die Gedanken zum Ausdruck bringt."

Darauf änderte der Patient plötzlich seine Haltung. Er wurde besorgt und eifrig. „Nein", sagte er, „es ist doch gar nicht wahr, Sie sind kein Dogmatiker. Ich hätte das nicht sagen sollen. Sie werden sicher böse auf mich sein, daß ich Sie so verkenne. Ich bin wirklich ein gemeiner und undankbarer Mensch! Wie ich nur so etwas sagen konnte. Sie sind tatsächlich der großzügigste Mann, der mir je begegnet ist. – Aber es ist wirklich sinnlos, einem Traum solche Bedeutung beizumessen. Träume sind Schäume, und Ihre psychologischen Deutungen sind reine Phantasie. Die Traumdeutung ist auch so ein Mittel, um den armen Patienten immer gerade das anzuhängen, was man ihnen um des Dogmas willen anhängen muß."

„Also bin ich doch ein Dogmatiker."

„Ja, und zwar durch und durch!"

„Aber eben sagten Sie, daß ich keiner sei. Sie behaupten doch, ich sei im Gegenteil großzügig und ich weiß nicht was noch."

Pause. Und dann: „Ja, Sie haben recht. Da ist ein Widerspruch. Ich weiß nicht mehr, was ich von Ihnen denken soll. Es geht mir alles durcheinander. Sie sind ein Hexenmeister oder ein Dämon oder ein Scharlatan. Ich weiß es wirklich nicht. Es ist alles wirr in meinem Kopf."

Es war Zeit, diese Widersprüche aufzuklären, und der Therapeut machte ungefähr folgenden Vorschlag: „Es ist vermutlich so, wie wir es andeutungsweise schon öfter gefunden haben. Die Beurteilung meiner Person ist allmählich für Sie wichtiger geworden als alle Ihre sonstigen Schwierigkeiten. Und man kann sich gut denken, warum das so kommen mußte. Denn Ihre Schwierigkeiten wurzeln zweifellos ursprünglich alle in der Frage, ob und wieweit man sich auf den Mitmenschen, und zwar in erster Linie auf die Mutter, unbedingt verlassen kann. Sie waren doch, wie wir gesehen haben, darauf dressiert, daß die Mutter ihnen zu helfen hatte, wo Sie selber sich nicht helfen konnten oder sich nicht helfen brauchten. Die Mutter war der dienstbare Geist, der Ihnen das verlorengegangene Spielzeug zurückbrachte. Die Frage also, wieweit der dienstbare Geist, auf den Sie angewiesen waren, sich als zuverlässig erwies oder nicht, war die Lebensfrage Ihrer ganzen Kindheit. Und genau so scheint es jetzt für Sie eine Lebensfrage zu sein, ob ich mich als zuverlässig erweise oder nicht."

Der Patient unterbrach lebhaft: „Ja, das stimmt. Ich habe mir schon gedacht, wenn Sie mich ernstlich enttäuschen würden, wenn Sie auch wie die anderen Menschen hinter einer freundlichen Maske ein egoistisches Herz haben sollten, dann würde ich mir das Leben nehmen müssen. – Sie wissen gar nicht, was für eine Verantwortung Sie auf sich geladen haben. Aber was der dienstbare Geist hierbei für eine Rolle spielen soll, ist mir nicht klar."

„Der dienstbare Geist trägt die Verantwortung. Er ist dazu da, alle Schwierigkeiten des Lebens, denen Sie sich nicht gewachsen fühlen, in Ordnung zu bringen. Er darf nicht versagen, er darf keine Fehler machen, weil Sie sonst das Vertrauen zu ihm und damit auch das Vertrauen zum Leben verlieren würden. Sie sind also abhängig von der Tugend oder Untugend Ihres dienstbaren Geistes. Sie sind, wie wir sagen, subaltern. Und darum ist es ganz in Ordnung, daß Sie, wie jeder subalterne Mensch, ängstlich über ihre Beziehungen zu Ihrem verantwortlichen Führer wachen müssen.

Selbstverständlich kann der Ausdruck subaltern hier nicht im Sinne einer Wertung verstanden werden. Denn ob der andere, von dem Sie sich abhängig fühlen, selber subaltern ist oder nicht, müßte erst untersucht werden. – Das seltsame Hin und Her in der Beurteilung Ihres augenblicklichen dienstbaren Geistes, nämlich meiner Wenigkeit, beruhte nun zweifellos darauf, daß ich tatsächlich durchaus kein fehlerloser Mensch bin. Ich lasse mir dauernd Unzulänglichkeiten zuschulden kommen, so daß Sie fürchten müssen, ich könnte schließlich ebenso versagen, wie damals Ihre Mutter versagt hat. Was das aber für Sie bedeuten würde, ist nach dem Gesagten klar genug. Darum müssen Sie mich kritisieren, dürfen mich aber nicht verletzen, und daher kam der scheinbare Widerspruch.

Ihre Seele ist sozusagen eine Schnecke, die nur so lange frei herumkroch, als draußen die Sonne schien. Ihre Mutter war für Sie Sonnenschein und Regenschirm zugleich. Als aber der Regenschirm versagte und die ersten ungewohnten Tropfen Sie trafen, mußten Sie dieses Schicksal naturgemäß als einen greulichen Verrat empfinden. Die Schnecke kroch ins Schneckenhaus und hat seither noch nicht gewagt, wieder hervorzukommen. Und wenn sie wirklich einmal ihre Fühler herausstreckt, zieht sie sich bei der ersten Andeutung eines möglicherweise zu befürchtenden Regentropfens sofort wieder in ihr sicheres Gehäuse zurück. Und nun kommt der Therapeut und sagt ununterbrochen wie ein dogmatischer Papagei: ‚Schnecke, du mußt aus dem Haus herauskommen!' – Die Schnecke meint aber, diese Rede bedeute: ‚Draußen ist Sonnenschein, komm nur heraus, es kann dir nichts geschehen. Der Therapeut schützt dich als Regenschirm wie deine Mutter. Aber es ist ein besserer Schirm, er wird nicht versagen.' – Anders kann die Schnecke sich die Welt noch nicht vorstellen. Entweder sie hat einen Beschützer, dann kommt sie so weit aus dem Gehäuse hervor, als sie dem Beschützer traut. Oder aber sie hat keinen Beschützer, und dann bleibt sie ein für allemal in ihrem sicheren Hause.

Wie wäre es aber, wenn man noch den Umstand berücksichtigte, daß inzwischen 30 Jahre vergangen sind? – Damals, als Sie ein hilfloses Kind waren, hatten Sie nicht ganz unrecht. Als Ihnen der bisher gewohnte Schutz durch die Mutter nicht mehr gewährt wurde, blieb Ihnen kaum etwas anderes übrig als der Rückzug vor den Gefahren der Welt. Jetzt aber sind Sie erwachsen und weder auf einen dienstbaren Geist noch auf einen Führer angewiesen. Sie haben es nicht mehr nötig, sich wie ein hilfsbedürftiges Kind an den Beschützer zu klammern. Sie können Ihre Subalternität jeden Augenblick ablegen. Sie brauchen sich nur darauf zu besinnen, daß Sie ohnehin der Träger Ihres eigenen Schicksals sind. Dann merken Sie auch, daß der andere, den Sie für Ihren Mut oder Ihre Mutlosigkeit verantwortlich machen wollen, in Wirklichkeit gar nicht diese wichtige Rolle für Sie spielt. Und die Frage, ob dieser andere (z. B. ich) ein paar Fehler mehr oder weniger habe, erweist sich dann als ganz bedeutungslos.

Warum soll gerade dieser eine Mensch, an den Sie sich anklammern, verpflichtet sein, übermenschliche Eigenschaften zu haben? Denn Fehlerlosigkeit ist eine übermenschliche Eigenschaft. – Könnten Sie sich nicht entschließen, aus dem Schneckenhaus herauszukommen, auch wenn draußen kein dienstbarer Geist den Regenschirm über Sie hält? Könnten Sie sich nicht allmählich auch an den Regen gewöhnen? Dann wären Sie nicht mehr auf einen menschlichen Beschützer angewiesen, und dann könnten Sie ohne alle Angst und in freundlichem Verständnis feststellen, daß Ihr lieber Nächster (z. B. ich) genau so ein fehlerhaftes Geschöpf ist wie Sie selber."

Der Sinn dieser Gedankengänge mußte in den nächsten Stunden immer wieder erörtert werden. Es ergaben sich allerlei Einwände und Gegenfragen, die aber nur den Zweck hatten, das unerledigte Thema noch länger als Gegenstand der Besprechungen festzuhalten. Theoretisch hatte der Patient sehr bald zugegeben, daß auch der Therapeut nicht fehlerlos sein könne. Aber sein Gefühl schob immer wieder ein krasses Entweder-Oder in den Vordergrund, und zwar ungefähr in folgender Form: „Entweder du bist ein vollkommener Mensch, wie meine Mutter ursprünglich vollkommen war. Dann wirst du mich lieben und mir helfen und mich heilen, dann werde ich dir vertrauen und alles tun, was du sagst, dann werde ich auch in jede Gefahr hineingehen und ein mutiger und tatkräftiger Mensch werden. – Oder aber du bist ein fehlerhafter Mensch, so wie meine Mutter sich nachher auch als unzulänglich erwies. Dann wirst du mich verraten, und ich werde von neuem sehen, daß es keine Menschen gibt, auf die man sich verlassen kann. Dann werde ich scheu, mißtrauisch, tatenlos und freudlos weiterleben wie bisher. Und du, Verräter, bist schuld daran!"

Erst ganz allmählich lernte der Patient einsehen, daß der Begriff „Vertrauen" für den Erwachsenen einen anderen Sinn hat als für das Kind. Schließlich aber gewöhnte er sich an den Gedanken, daß man einander Vertrauen entgegenbringen darf, trotzdem gelegentliche Fehler und Entgleisungen weder auf der einen noch auf der anderen Seite ausgeschlossen werden können. Das Verständnis für die noch unvollendete Entwicklung des anderen wurde ihm zur Grundlage für das Erlebnis der Gleichwertigkeit; und dieses Erlebnis der Gleichwertigkeit brachte das neue Vertrauen von selber mit sich. – Damit war ein wichtiger Schritt nach vorwärts zurückgelegt. Die günstigen Auswirkungen dieser Wendung machten sich auch sofort bemerkbar, die beruflichen Hemmungen des Patienten nahmen rasch ab, und es war klar: die Behandlung hatte den kritischen Punkt überwunden.

Die Regel lautet: *Da jeder mutlose Mensch falsche Ansprüche an seine Mitmenschen stellt, werden diese Ansprüche auch seine Einstellung zum Therapeuten eines Tages gefährden. Dann müssen diese Ansprüche nach ihrer Art, ihrer Herkunft, ihrer Berechtigung und Unberechtigung klargestellt werden, und zwar immer wieder, bis der Patient sich in dieser Hinsicht an die Wirklichkeit angepaßt hat. Aber auch hier gilt, daß der Erfolg um so rascher und gründlicher eintritt, je sachlicher sich der Therapeut in den entscheidenden Augenblicken verhält.*

Zwölftes Kapitel

Das Wesen der Wesen

§ 34

Versuch der Suggestion

Es ging dem Patienten sichtlich besser. Aber wenn er davon sprach, stellte er es so dar, als ob der Therapeut ihm die günstigere Verhaltungsweise suggeriert habe. Er sagte etwa: „Sie haben mir eingeredet, daß es besser gehen wird, und nun geht es mir tatsächlich besser, solange ich an Ihre Heilkunst glaube." Er rechnete daher mit einem baldigen Rückfall und legte mehr Wert als je auf die regelmäßige Fortsetzung der Behandlung.

Es wird im Anschluß an die letzten Erörterungen nicht schwer sein, den geheimen Sinn dieser Auffassung zu verstehen. Jede Suggestion setzt das Vorhandensein eines Suggestors voraus, und der Patient bleibt trotz seiner angeblichen Heilung von diesem abhängig. Er behält also gerade diejenige Eigenschaft, die den Grund aller seiner Charakterschwierigkeiten ausmachte, nämlich die Subalternität. Sein neugewonnenes Vertrauen zum Leben, zu sich selber und zur Weltordnung ist nur auf die Autorität des Suggestors begründet. Er ist von dem „Ich kann nicht" übergegangen zum „Ich kann", nicht weil er nun selber die Verantwortung auf sich genommen hat, sondern weil der Therapeut diese Verantwortung nun ganz offensichtlich trägt. Wenn jetzt ein Mißerfolg eintritt, ist nicht der Patient, sondern der Suggestor daran schuld.

Diese Verschiebung der Verantwortung ist der Grund, warum die Heilung durch Suggestion für so viele Menschen etwas sehr Verlockendes hat. Zahllose Patienten fragen immer wieder, ob man sie nicht hypnotisieren wolle, oder ob man nicht wenigstens durch Wachsuggestionen die mühsame und langwierige Behandlung abkürzen könne. Und viele Therapeuten fühlen sich in der Rolle des verantwortlichen Führers so wohl und finden im Erlebnis ihrer eigenen „unvergleichlichen Wirkung auf den Patienten“ ein so beglückendes Gegengewicht gegen ihre Minderwertigkeitsgefühle, daß sie sich nur allzu gern die Gaunergemeinschaft mit dem Patienten und die gemeinsame Drückebergerei vor den tatsächlichen Forderungen des Lebens gestatten.

Oft wird hier der Einwand erhoben, daß eine Heilung, solange sie auf Suggestion beruhe, zwar noch nicht als endgültig und abgeschlossen zu betrachten sei, daß sie aber doch eine sehr nützliche und vielleicht sogar eine unumgängliche Zwischenstufe darstellen könne. Aber diese Meinung würde darauf hinauslaufen, daß man einen Wanderer, der durch einen Sumpf waten muß, und in der Mitte steckenzubleiben droht, wieder an dasjenige Ufer zurückholt, von dem er ausgegangen ist, anstatt daß man ihn an das gegenüberliegende Ufer zu bringen sucht, das er doch früher oder später einmal erreichen soll.

Nehmen wir an, man hätte dem hier geschilderten Patienten suggeriert, daß er seinen kaufmännischen Aufgaben von nun ab gewachsen sei, daß er Besuche machen könne wie jeder andere, daß er allen Freunden und Feinden offen, zielbewußt und frei entgegentreten werde, und man hätte ihm dies alle Tage aufs neue versichert. — Wahrscheinlich wäre auf diesem Wege das Verschwinden der Symptome schon in ganz kurzer Zeit, sagen wir in einer Woche, zu erreichen gewesen. Er wäre Freunden und Gegnern tatsächlich „offen, zielbewußt und frei“ entgegengetreten. So wäre trotzdem jeder neue Schritt in dieser Richtung ein neues Wagnis gewesen und hätte gleichsam eine neue Anleihe bei der Autorität, der Unfehlbarkeit und der Allmacht des Suggestors vorausgesetzt.

Die Formel der Scheinheilung hätte etwa gelautet: „Ich wage mich jetzt kühn in die Gefahr, in die mich früher keine Macht der Welt hineinbekommen hätte. Aber ich wage es, nicht weil ich mir oder dem Leben oder der Weltordnung vertraue, sondern nur, weil ich mich auf deine Worte verlasse, du mein großer Suggestor, du herrlichster aller Menschen.“ — Der in dieser Formel Angeredete, der Therapeut, ist aber ein Mensch, der wie jeder andere Irrtümern und Fehlern unterliegt. Die suggestive Heilung hängt jedoch davon ab, daß es ihm gelingt, sich dem Patienten als eine Art von Gottheit darzustellen. — Das ist die erste Lüge, auf die die Suggestion angewiesen ist. Und man versteht jetzt, daß die angstvolle Frage des

Patienten, ob sein Therapeut fehlerlos sei oder nicht, um so gefährlicher werden muß, je mehr suggestive Nebenwirkungen sich in die Behandlung eingeschlichen haben.

Aber noch eine zweite Lüge ist in der Suggestiv-Behandlung unvermeidlich. Die erste und wichtigste Regel dieser Behandlung lautet nämlich: „Sage dem Patienten bestimmt, ruhig und mit unbeirrbarer Sicherheit stets nur das Positive. Verwende nie einen negativen Ausdruck. Lasse weder in dir noch in dem Patienten irgendein Wenn oder Aber aufkommen." Man darf also nicht sagen: „Habe keine Angst, die Schwierigkeiten werden sich überwinden lassen." Sondern man muß sagen: „Du bist mutig! Du gehst vorwärts! Du gelangst sicher ans Ziel." Und nicht: „Halte aus, wenn es dir schlecht geht", sondern: „Es geht dir gut, geh nur, der Weg ist leicht!" – Man verschweigt also die schwerste und fruchtbarste Hälfte der Wahrheit, nämlich die Tatsache, daß wir Mißerfolge, Niederlagen und Leiden auf uns nehmen müssen, um daran zu lernen und zu reifen.

Der Suggestor setzt aus eigener Machtvollkommenheit ein neues schattenloses Weltbild an Stelle des alten, allzu düsteren Weltbildes, das der Patient bisher hatte. Aber dieses neue, ihm künstlich suggerierte Weltbild entspricht der Wahrheit ebensowenig wie das vorige. Und der Suggestor, der es sorgfältig aufbaut, glaubt selbst durchaus nicht daran. Er weiß recht gut, daß es sich nur um eine vorläufige Täuschung handelt, die später, wenn der Patient „tragfähiger" geworden ist, durch die viel schwerere Wahrheit ersetzt werden muß. Aber dieses letzte Stück des Weges, das nach unserer Meinung den wichtigsten Bestandteil der therapeutischen Aufgabe bildet, rechnet der Suggestor nicht mehr zu seinen Obliegenheiten. Er will nur die bestehenden Leiden, die akuten Symptome beseitigen; alles weitere überläßt er dem Leben. Aber man kann mit Sicherheit voraussagen, daß der Patient nach der Suggestiv-Behandlung dem Leben im ganzen noch weniger gewachsen sein wird als vorher, weil in sein Weltbild zwei neue schwerwiegende Lügen eingebaut worden sind. Neue Enttäuschungen werden daher über kurz oder lang eine neue Welle von Pessimismus in ihm aufsteigen lassen, und ein neuer Zusammenbruch, wenn auch vielleicht auf einem anderen Gebiet und unter anderen Begleiterscheinungen als bisher, muß die notwendige Folge sein. An Stelle der früheren Magenkrämpfe werden vielleicht Kopfschmerzen treten oder an Stelle der Schüchternheit eine chronische Schlafstörung. – Das Gesamtergebnis der Suggestiv-Behandlung kann also immer nur auf eine Verschiebung der Symptome hinauslaufen.

Oft hört man die Meinung, daß die Suggestion zwar nicht zur tatsächlichen zentralen Überwindung der Neurosen oder, was dasselbe ist, der Charakterschwierigkeiten zu brauchen sei, daß sie aber für die augenblickliche Linderung quälender Einzelsymptome gute Dienste leiste. Aber auch wenn man dies zugibt, muß man noch fragen, ob dieser Vorteil nicht zu teuer erkauft wird. Nehmen wir an, es handle sich um einen akuten Angstzustand oder vielleicht auch um ein nervöses Asthma. Ein solches Symptom befällt den Patienten immer, wenn er in seine (unbewußten) ichhaften Ansprüchen an die Umwelt versetzt wird. Solange nun der Angstzustand oder der Asthmaanfall dauert, kann man mit ihm nicht über die wahre Ursache seiner Krankheit reden. Man kann also im Augenblick nichts für seine Heilung tun. Auf suggestivem Wege jedoch könnte man ihn rasch von seiner Qual erlösen und so den Weg zur wirklichen Behandlung freimachen.

Aber man überlege, um was es sich bei diesem Schritt handelt. Der Anfall bedeutet die Revolte des Einzelnen gegen die „schlechte Behandlung“, die das Leben ihm angedeihen läßt. Wer ihm suggeriert: „Es geht dir gut, du kannst frei atmen“, täuscht ihm vor, daß das Leben ihn gut behandle. Sobald aber der Anfall verschwunden ist, fängt man an, ihm klarzumachen, daß er eine falsche Einstellung zum Leben hat und mit falschen Ansprüchen herumläuft. Man verlangt also von ihm, daß er seine Ansprüche herabsetzt. Das aber bedeutet, daß man ihn sozusagen schlecht behandelt. Man darf sich darum nicht wundern, wenn er auf dieses Gespräch mit einem neuerlichen Anfall antwortet, der weit schwerer ist, als der vorige war. Und in diesem zweiten Fall muß die suggestive Hilfe versagen, da man jetzt nicht mehr verlangen kann, daß der Patient an die „Freundlichkeit und Leichtigkeit des Lebens“ glaubt, da man ihm inzwischen selber klargemacht hat, wie unerbittlich ihn dies Leben vor die letzte Entscheidung stellt.

Man kann das Gesagte zusammenfassen in die Formel: Weil im Dienste der Heilung nur das Positive suggeriert werden darf, weil aber die Wahrheit aus Positivem und Negativem gemischt ist, läßt sich die Wahrheit nicht als helfende Suggestion verwenden. Heilung aber ist nur auf dem Wege der Wahrheit möglich; also kann die Suggestion, da sie immer eine Lüge in sich schließen muß, keine Heilung bringen.

In ähnlicher Weise setzte der Therapeut auch in unserem Falle dem Patienten auseinander, daß möglicherweise (leider) einige suggestive Nachwirkungen bei der bisherigen Behandlung unterlaufen sein konnten, daß aber im ganzen der Weg in der entgegengesetzten Richtung orientiert war, nämlich von der Subalternität weg und zur Selbstverantwortlichkeit hin. Doch machte der Patient einen Einwand, der sich aus der Art der psychotherapeutischen Behandlung fast mit Notwendigkeit ergibt, und der darum bei ähnlichen Gelegenheiten regelmäßig aufzutauchen pflegt. Dieser Einwand lautet: „Aber es geht von Ihrer Persönlichkeit etwas aus, das sich nicht näher beschreiben läßt, und das die eigentliche Ursache der Besserung enthält. Meinetwegen mag der Ausdruck Suggestion dafür nicht am Platze sein. Aber es ist jedenfalls etwas, das mit Ihrer persönlichen Gegenwart zusammenhängt, und das den Patienten darum von Ihnen abhängig macht."

In anderen Fällen wird dieser Zusammenhang mit mystischen oder theologischen Ausdrücken beschrieben. Die Patienten sagen, daß es sich um den „Geist des Lebens" oder gar um „Heiligen Geist" handle, der vom Therapeuten auf den Patienten überströme. Und dieser Gedanke führt manchmal direkt zu der Bitte um eine Handauflegung im biblischen Sinne. Andere wieder drücken sich vorsichtiger aus. Sie meinen, der Therapeut sei ein Genie, er besitze ein Charisma, oder er lebe in besonderer Heiligkeit. – Das Mißliche an all diesen Äußerungen ist, daß sie eine Theorie vom Wesen der Heilung enthalten, die die Rolle des Therapeuten zu sehr in den Vordergrund stellt. Aber sofern nur die theoretische Frage in Betracht käme, was denn die Heilung ihrem Wesen nach sei, könnte man vielleicht auch von einem derartigen Ausgangspunkt aus allmählich den richtigen Weg finden. Praktisch zeigt sich jedoch ausnahmslos, daß sich hinter der Überschätzung des Therapeuten der Wunsch verbirgt, ihm die Verantwortung zuzuschieben, sich an ihn zu hängen, sein Jünger zu werden und sich durch diese Jüngerschaft ebenso um die wirklichen Aufgaben des Lebens herumzudrücken, wie man sich bisher auf dem Wege der Neurose um sie herumgedrückt hat.

Die einzig richtige Antwort auf derartige Erklärungsversuche muß lauten: Du kannst nur gesund werden, wenn du selbst die Verantwortung für deine Schritte und insbesondere für deine falschen Schritte auf dich nimmst. Zu dieser Übernahme der Verantwortung kann dich niemand zwingen. Wenn du also gesund wirst, ist es deine Sache und nicht meine.

Aber auch gegen diese Formulierung ist noch eine schwerwiegende Einwendung möglich, die eine besondere Erörterung nötig macht. Sie lautet: Wenn es aber nur an mir liegt, ob ich gesund werde oder nicht, warum bin ich dann nicht schon längst gesund geworden? – Es ist die Frage nach der Selbstheilung. –

Für die Frage der Suggestion gilt die Regel: *Man suche alle Suggestionen nach Möglichkeit zu vermeiden, und man lasse auch nicht einmal die Ansicht aufkommen, als ob es sich in einer derartigen Heilung um Suggestivwirkungen handle. In allen Äußerungen des*

Patienten, die etwas Derartiges behaupten, suche man die Flucht vor der eigenen Verantwortung aufzuweisen. Wo aber der Patient recht behält, wo tatsächlich Suggestionen im Spiele waren (was durch das Wiederauftreten der alten oder durch das Neuauftreten von bisher unbekannten Symptomen bewiesen wird), da frage man sich, wo und warum das eigene Geltungsbedürfnis einem die Rolle des Suggestors aufgedrängt hat.

§ 35

Versuch der Selbstheilung

Die Frage, ob und wieweit der Mensch imstande ist, sich aus seinen Charakterschwierigkeiten mit eigener Kraft herauszuhelfen, ist so wichtig, daß sie bei jeder psychotherapeutischen Behandlung zur Sprache kommen sollte, auch wenn der Patient von sich aus auf dieses Problem keinen Wert legt. Aber man verstehe recht, es handelt sich hier nicht um die Grenze, bis zu der die Selbsterziehung noch Erfolg haben kann und von der ab man den Psychologen zur Hilfeleistung heranziehen muß. Sondern es handelt sich hier um die Frage nach dem eigentlichen Wesen der Charakterheilung oder, anders gewandt: um die Frage der Willensfreiheit.

Wieweit kann der Mensch, einerlei ob allein oder mit Hilfe eines anderen, eine Änderung seines Charakters herbeiführen? Wieweit reichen hier die menschlichen Mittel? Und ist die Charakteränderung, wenn sie tatsächlich erfolgt, ein Zufallsprodukt oder ein Schicksal, das auch ohne alle Bemühungen hätte eintreten müssen, oder eine gesetzmäßige Wirkung klug berechneter Ursachen, oder ein freies Geschenk des Himmels, eine Gnade? – Und wo die Charakteränderung nicht eintritt oder nur in beschränktem Maße eintritt, ist dort der Mißerfolg durch einen Mangel an Kenntnis oder an Geschicklichkeit oder an gutem Willen bedingt? Oder gibt es eine Grenze, über die hinaus der menschliche Charakter nicht verändert werden kann, sondern als eine naturhafte Gegebenheit hingenommen werden muß? Und wenn es diese Grenze gibt, ist sie „von unten her“ durch ein Naturgesetz, oder ist sie „von oben her“ durch eine sinnvolle und vielleicht göttliche Fügung bedingt?

Die Wichtigkeit dieser Fragen ist nicht etwa nur durch ihren weltanschaulichen Hintergrund bestimmt, sondern ebensosehr durch die praktischen Wirkungen, die unvermeidlich von ihrer Beantwortung ausgehen. In der weitaus größten Zahl der Fälle müssen wir uns nämlich sowohl in der Selbsterziehung wie auch in der Psychotherapie mit Teilerfolgen begnügen, und es fragt sich dann, wie man sich gegenüber den übrigbleibenden Restbeständen von Fehlern und Schwierigkeiten einstellen soll. Oder anders ausgedrückt: Die Erfolge der charakterlichen Hilfeleistung stellen sich meist erst langsam ein, oft als Nachwirkungen einer Behandlung, die schon vor Monaten oder gar Jahren abgeschlossen worden ist. Diese Nachreifung oder, wenn man es so nennen will, diese Rekonvaleszenz ist in ihrem Verlaufe wesentlich mitbedingt durch die innere Einstellung des Patienten zu seinen noch bestehenden Schwierigkeiten.

Die drei verschiedenen Einstellungen, die in dieser Hinsicht möglich sind, verhalten sich zueinander wie These, Antithese und Synthese. Die erste, die thetische Einstellung, lautet etwa: Es mag mancherlei innerhalb des menschlichen Charakters geändert werden können (es kommt hier nicht darauf an, ob die Änderung durch materielle oder geistige Maßnahmen bewirkt wird), aber nachdem Pillen, Elektrizität und Psychotherapie das ihre getan haben, bleibt doch nach wie vor eine erkleckliche Anzahl von Schwierigkeiten übrig. Und diese Schwierigkeiten sind die notwendigen Folgeerscheinungen fester und nicht weiter beeinflußbarer Charakterzüge, die durch Vererbung oder Umwelteinflüsse oder Karma oder durch sonst eine Schicksalsfügung bedingt sind. Es fragt sich jetzt nur noch, wie der Mensch sich mit dieser Tatsache abfindet – und wie die anderen sich mit ihm abfinden.

Diese Ansicht läuft auf radikalen Pessimismus hinaus. Sie stellt den Menschen als das kausal bedingte Ergebnis irgendwelcher vorangegangenen und nicht mehr veränderbaren Ursachen dar, sie macht ihn in seinem Wesenskern zu einer toten Maschine. Man leugnet sein Subjektsein und erniedrigt ihn zum Naturobjekt, weil man der Wahrheit, nämlich dem gleichzeitigen Subjekt- und Objektsein, nicht gewachsen ist. In weiterer Folge zwingt diese Ansicht ihre Anhänger zu gegenseitiger Bewertung. Jeder wird zum Richter über sich und seinen Nächsten. Und es bleibt nichts übrig, als denjenigen, der „einen schlechten Charakter hat", zeitlebens einzusperren. Aber nicht nur der, den dieses Urteil trifft, sondern auch der, der es fällt, wird dadurch wahrscheinlich tatsächlich zu einem schlechten Charakter.

Im Kampf gegen diese mechanistische und lebensfeindliche Auffassung bildet sich daher immer wieder ihr antithetischer Gegensatz aus. Er heißt ungefähr: Jeder Mensch ist seines Glückes Schmied. Der Kluge ist Herr über seine Gestirne. Es liegt nur an der Blindheit und an der Ungeschicklichkeit der Menschen, daß sie aus ihrem Unglück nicht herauskommen. Würden sie die richtigen Mittel richtig anwenden, die die Natur und die Weisheit der Vorzeit ihnen zur

Verfügung stellt, so würden sie ihre Kräfte steigern, ihre Glücksmöglichkeit vermehren und ihre störenden Charakterzüge beseitigen können.

Diese Auffassung bedeutet das genaue Gegenteil der eben geschilderten, aber sie führt in gleicher Weise wie jene zu einer gegenseitigen Bewertung der Menschen. Alle die, welche auf dem richtigen Wege sind, bilden einen esoterischen Adel und sehen mitleidig oder bekehrungswütig auf die blinden Narren herab, die diesen Weg noch nicht entdeckt haben. Hierbei ist es gleichgültig, ob dieser Weg in einem System gymnastischer Übungen oder in bestimmten Ernährungsmethoden, in Meditationen oder auch in schlichten Autosuggestionen bestehen mag. Und es soll auch durchaus nicht verkannt werden, daß alle derartigen Maßnahmen bei richtiger Anwendung ganz gute Dienste leisten können. Hier aber handelt es sich darum, daß eine derartige Methode zum alleinseligmachenden „Wege des menschlichen Aufstiegs“ gestempelt wird. Die fragliche Methode ist dann nicht mehr ein dienender Teil neben anderen Teilen der Lebens, sondern sie ist das ausschlaggebende Mittel, durch dessen richtige Anwendung die menschliche Glückseligkeit notwendig und unausweichlich herbeigeführt werden kann.

Man überlege sich, was der Anhänger einer solchen Methode eigentlich will. Er sagt: Gebt mir die richtigen Pillen, lehrt mich die richtige Atmung, zeigt mir die richtigen Übungen, hypnotisiert mich richtig oder berührt mich mit dem richtigen Zauberstabe, dann werden meine ungünstigen Charakterzüge verschwinden, und ich werde ein glücklicher, wissender und guter Mensch sein. – Wenn er aufrichtig genug wäre, müßte er hinzufügen: Das Mittel wird mich ändern, ich selbst brauche mich dann nicht zu ändern, ich kann bleiben wie ich bin, ich lasse nur den Zauber über mich ergehen. – Das wirkliche „Ein-anderer-Mensch-werden“, das immer die Vernichtung des alten Menschen voraussetzt, wird auf diese Weise umgangen; ganz ähnlich wie es durch die Weltverbesserer umgangen wird, die da lehren, daß man nur die sozialen Verhältnisse ändern müsse, wenn man die schlechten Charaktere aus der Welt schaffen wolle.

Wer so denkt, will dem Menschen das Objektsein ersparen. Er will ihn zum Nur-Subjekt machen, denn auch er wagt nicht, die Gleichzeitigkeit des Subjektseins und Objektseins auf sich zu nehmen. Die Vorteile des Subjektseins genießen und die Nachteile des Objektseins vermeiden, das ist aber gerade das Kennzeichen der Zauberei. Indessen läßt das Leben sich die Zauberei so wenig gefallen wie das Gegenteil, das Sich-tot-stellen. Alle die eben erwähnten Methoden und auch die Psychotherapie, wo sie als Zaubermittel dienen sollen, müssen daher zu schweren Enttäuschungen führen. Es wird sich herausstellen, daß man trotz all dieser Mittel gerade das auf sich nehmen muß, was man vermeiden möchte, nämlich das Folgentragen, das Objektsein und das Gehen auf dem eigenen Wege.

Also weder die Ansicht der mutlosen Pessimisten, die den Charakter für eine unabänderliche Gegebenheit halten, kann zu Recht bestehen, noch auch die Ansicht der hochmütigen Optimisten, die dem Leben durch Zauberkunststücke ein Schnippchen schlagen möchten. Die Wahrheit muß vielmehr in der Mitte zwischen diesen beiden Ansichten, aber auf der nächsthöheren Ebene zu finden sein. Sie ergibt sich, wenn man die beiden bisher besprochenen Behauptungen gleichzeitig verneint. Und zwar lautet die Verneinung der ersten Behauptung: „Der Charakter ist nicht unveränderlich, es gibt einen Ausweg aus allen Schwierigkeiten, die durch den Charakter entstehen.“ Und die Verneinung der zweiten Behauptung lautet: „Der Mensch selber kann durch seine Mittel und Künste diesen Ausweg aus seinen Charakterschwierigkeiten nicht erzwingen.“ Und die Synthese dieser beiden Aussagen lautet: „Der Ausweg stellt sich als ein schöpferischer Akt dar, den wir durch unsere Selbsterziehung oder durch unsere Psychotherapie nicht erzwingen können.“ Nun bleibt noch als Letztes die Frage übrig, welche Rolle denn diese unsere Bemühungen für das Zustandekommen jenes schöpferischen Aktes spielen sollen. Und die Antwort heißt: „Unsere Bemühungen beseitigen die Hindernisse. Wenn wir die Hindernisse nicht beseitigen, können wir das Zustandekommen des schöpferischen Aktes verhindern. Diese negative Macht besitzen wir. Aber auch wenn wir die Hindernisse beseitigt haben, ist dadurch der Eintritt der Heilung nicht etwa notwendig gegeben.“

Bildlich ausgedrückt: Wir sind nur Geburtshelfer. Unsere Charakterkunde lehrt uns nur die Formen kennen, in denen die Reifung und Heilung des Menschen vor sich geht. Aber sie kann uns kein Mittel lehren, das Reifung und Heilung mit der naturgesetzlichen Notwendigkeit herbeiführt, mit der die Ursache die Wirkung erzwingt. Ob die Geburt stattfindet oder nicht, ist nicht unsere Sache. Wir haben nur, wenn sie stattfindet, die Hindernisse, die ihr im Wege stehen, zu beseitigen, und wir haben Sorge zu tragen, daß die Stockungen und Verzögerungen nach Möglichkeit vermieden werden, die sie aufhalten könnten.

Wenn der Patient am Ende der Behandlung noch auf dem zuerst geschilderten pessimistischen Standpunkt steht, wenn er also nicht an seine eigene Heilbarkeit glaubt, muß man die psychotherapeutischen Bemühungen als gescheitert ansehen. Und das gleiche gilt für den Fall, daß er auf dem zweiten hier als optimistisch bezeichneten

Standpunkt verharrt, indem er in der selbsterzieherischen Fortführung der Behandlung das Zaubermittel zu haben glaubt, das ihn erlösen muß. In beiden Fällen kann man voraussehen, daß die Nachreifung keine weiteren Fortschritte auf dem Wege der Heilung mehr bringen wird. Ja, es ist sogar damit zu rechnen, daß früher oder später Enttäuschungen eintreten werden, die zu einem neuerlichen Zusammenbruch führen.

Ist es dagegen gelungen, dem Patienten die dritte Einstellung zu übermitteln, so ist er bereit, sich gleichzeitig zum Subjekt und zum Objekt des Lebens zu machen. Das heißt in Hinsicht auf seine Schwierigkeiten, daß er die volle Verantwortung für ihr Weiterbestehen auf sich nimmt, und daß er trotzdem weiß, daß er den Eintritt der Heilung durchaus nicht erzwingen kann. Wenn dann die Heilung auf sich warten läßt, wird er sich immer wieder nach den noch bestehenden Resten seiner Ichhaftigkeit auf die Suche machen, und das wird ihn von Stufe zu Stufe weiterführen. Er wird dagegen nie auf den Gedanken kommen, daß er nun seinerseits alles Nötige getan habe, und daß für den Fortbestand seiner Schwierigkeiten jemand anders die Verantwortung trage.

Die Regel lautet: *Die Sachlichkeit des Psychotherapeuten läßt überall da noch zu wünschen übrig, wo es ihm nicht gelingt, seinem Patienten die tatsächlich bestehende Beziehung zwischen Behandlung und Heilung zum Erlebnis zu bringen. Solange der Patient noch meint, die Psychotherapie wirke als Ursache und die Heilung sei ihre notwendige Wirkung, kann die psychotherapeutische Aufgabe noch nicht als gelöst gelten. Erst wenn er begreift, daß die Psychotherapie nur ein Mittel ist, dessen die lebendigen Zwecke, die im Menschen wirken, sich bedienen können, wann und wie sie wollen, erst wenn er also merkt, daß Heilung gleichbedeutend ist mit Gnade, kann man hoffen, daß seine Heilung eintreten wird.*

§ 36

Die Heilung

Nachdem die beiden großen Probleme, das der Suggestion und das der Selbstheilung, im Laufe einiger Stunden klargestellt waren, hatte in unserem Falle sowohl der Patient wie auch der Therapeut den Eindruck, daß die Psychotherapie nunmehr ihre Aufgabe erfüllt habe. Einige besonders störende Schwierigkeiten waren verschwunden, ohne daß der Patient genau angeben konnte, wie, wann und warum. Er merkte nur zu seiner eigenen Verwunderung, daß er die berufliche Arbeit nicht mehr wie bisher von Tag zu Tag aufschob. Er erledigte die Korrespondenz ohne alle Hemmungen, und eines Tages ertappte er sich sogar dabei, daß er von sich aus eine Zusammenkunft mit einem Kunden vorschlug. Diese „Kühnheit“ war aber etwas völlig Neues in seinem Leben und bewies ihm, daß er ein gutes Stück vorwärts gekommen war.

Er hatte selbst die Meinung, daß er sich nun auf eigene Faust seinen Weg suchen könne. Aber die Neuigkeit der psychologischen Hilfsmittel, an die er sich in den vier oder fünf Monaten der Behandlung nur mühsam gewöhnt hatte, verursachte ihm doch noch einige Beunruhigung. Es wurde daher beschlossen, die aufgefundenen Zusammenhänge in einer Übersicht oder einem Schema zusammenzustellen, einerseits, damit sie nicht durch die Wirkung irgendeines nachträglichen Widerstandes noch einmal aus dem Bewußtsein verschwänden, und andererseits, damit die künftig noch hervortretenden Beobachtungen und Ergebnisse leicht in dem übersichtlichen Ganzen ihren Platz finden konnten.

Das Schema hatte ungefähr die folgende Gestalt:

Erste Stufe: Die Mutter erspart dem zarten Kinde nicht nur die zu großen, sondern auch die ihm schon angemessenen Schwierigkeiten. Das Kind gewöhnt sich an die Hilfe der Mutter als an sein gutes Recht. Es will nur Subjekt sein, es ist ichhaft geworden. Die Mutter wird als Organ, als Objekt empfunden. (Zeit vor der Schule.)

Zweite Stufe: Die Mutter verlangt, daß das Kind „ein richtiger Junge“ werde. Er soll aus sich herausgehen, auch wo die Gefahr einer Niederlage besteht. Das tut er aber nur gezwungenermaßen, nicht aus eigenem Antriebe. Sein „Mut“ ist Kadavergehorsam, ist also kein Mut. Sein wirkliches Leben, sein Subjektsein, zieht sich noch weiter nach innen zurück. Er baut sich träumend eine eigene Welt auf. Nach außen macht er sich völlig zum Objekt der Mutter. (Schulzeit.)

Dritte Stufe: Auf diese Weise muß seine Vorbereitung aufs Leben sehr unzulänglich ausfallen. Weder das nur träumende, in sich gekehrte Subjekt, noch das nur gehorsame, willenlose Objekt kann den Ansprüchen der Wirklichkeit genügen. Die Spannung zwischen dem, was das Leben verlangt, und dem, was er vom Leben fordert, wächst immer mehr an. Darum wird ihm sein Dasein mehr und mehr zur Qual, und immer steigende Mißerfolge kündigen auch äußerlich den drohenden Zusammenbruch an. (Lehrzeit.)

Vierte Stufe: Zu dem Widerwillen gegen den Beruf und zu der Angst vor der Auseinandersetzung mit den Menschen gesellen sich die nervösen Begleiterscheinungen des inneren Rückzuges vor dem Leben: Schlaflosigkeit, Ängstlichkeit und Verschüchterung. Die Krisis ist da. Jetzt muß ein Ausweg gefunden werden, der eine völlige Neuorientierung möglich macht, oder dieses Menschenleben ist zu Ende. – An dieser Stelle setzt die Hilfeleistung ein (Krisis.)

Fünfte Stufe: Das erste Ziel der Therapie ist nicht die Beseitigung derjenigen Übelstände, die den Eintritt in die Behandlung erzwungen haben. Es ist vielmehr die Aufklärung der hier zugrundeliegenden Zusammenhänge. Die Entstehung der Mutlosigkeit aus der Situation der früheren Kindheit und das Hervorgehen aller späteren Schwierigkeiten aus dieser Mutlosigkeit wird eindeutig klargestellt. (Einsicht.)

Sechste Stufe: Trotz heftiger Widerstände, die aus der mutlosen Grundeinstellung hervorgehen, wächst allmählich aus der Einsicht in die wahren Zusammenhänge das Eingeständnis heraus, daß man zwar für die damalige Entstehung des Übels nicht mehr verantwortlich gemacht werden kann, daß man aber die weitere Gestaltung seines Schicksals selbst in der Hand hat. Ob man jetzt aus seiner Mutlosigkeit herauskommt, oder ob man in ihr verharrt, unterliegt der Entscheidung des Menschen selbst. (Eingeständnis.)

Siebente Stufe: Aber die Entscheidung bedeutet mehr, als man zunächst gedacht hatte. Wer sich für die Gesundheit entscheidet, muß auch die Pflichten, Lasten und Unzulänglichkeiten des Lebens auf sich nehmen. Zwar ist man einerseits der verantwortliche Gestalter seines eigenen Schicksals (man hat die Macht, sich sein Schicksal zu verderben), aber andererseits hat man nicht die Macht, es in völliger Willkür umzugestalten. Auf dem Wege zur Gesundheit ist man von der langsamen Entwicklung des Lebens abhängig. – Gesund kann nur werden, wer alle Unzulänglichkeit und auch die eigene Krankheit hinnimmt und trotzdem die Hoffnung auf Besserung nicht verliert. (Bejahung.)

Achte Stufe: Nachdem diese „allgemeine Bejahung des irdischen Stückwerks" sich innerlich durchgesetzt hat, ergibt sich von selbst auch die Anwendung dieses Standpunktes den Menschen gegenüber: Auch die Stückhaftigkeit oder Fehlerhaftigkeit der Beziehungs-Person (der Mutter, des Therapeuten und auch der zukünftigen Gattin) muß bejaht werden. Den anderen lieben, trotz seiner Fehler, ihn lieben, auch wo er nicht wiederliebt, und ebenso ihn nicht fürchten, trotz seiner Fehler, ihn nicht fürchten, auch wo er sich feindlich gebärdet – das ist, was im Laufe der nächsten Jahre mehr und mehr gelernt werden muß. (Nachreife.)

Diese achte Stufe läßt sich zeitlich nicht mehr begrenzen. Wer sie wirklich durchlebt, hat den größten Teil seiner irdischen Aufgaben bewältigt. Aber es steht zu vermuten, daß er bis zu seinem Tode immer noch Reste von Mißtrauen und Lieblosigkeit in sich finden wird, daß also die Aufräumungsarbeiten in seinem Innern nie ganz zu Ende kommen werden. Darum wird er bis an seinen Tod immer wieder der Zange des Schicksals ausgesetzt sein, die ihn vor die Entscheidung stellt, entweder auf ein Stück seiner ichhaften Ansprüche, seiner Bequemlichkeit, seiner Selbstgefälligkeit oder seiner Selbstquälerei zu verzichten, oder aber gerade das Gegenteil von dem zu erreichen, was er anstrebte.

Das Gesetz des Lebens, das jede falsche Zielsetzung früher oder später mit unausweichlicher Notwendigkeit zu ihrer eigenen Vernichtung führt, erfüllt jeden, der es zu verstehen beginnt, mit der Zuversicht, daß alles Leben, und darum auch sein eigenes Leben, trotz aller Umwege und Irrungen doch allmählich zu seinem eigentlichen Ziele hingelenkt wird. Aber man täusche sich nicht über die Strenge dieses Gesetzes. „Eine jede Rebe, die nicht Frucht bringt, wird er wegnehmen, und eine jede, die da Frucht bringt, wird er reinigen, auf daß sie mehr Frucht bringe."

Ein Beispiel aus der Biologie mag den umgekehrten Wert, der allen Irrtümern innewohnt, noch einmal beleuchten. – Wenn man durch ein dunkles Zimmer einen Lichtkegel fallen läßt, etwa durch einen Spalt in der Tür, so finden sich bald alle Insekten, die im Zimmer herumfliegen, im erhellten Teil der Luft zusammen. Und man kann beobachten, daß sie sich im Laufe der Zeit immer mehr zur Lichtquelle hinbewegen. Aber wer genau zusieht, bemerkt, daß sie nicht unmittelbar das Licht suchen, sondern daß sie nur die Dunkelheit vermeiden. Sie fliegen umher, und wenn sie ins Helle geraten, fliegen sie ruhig weiter. An der Grenze jedoch, wo die Helligkeit in Dunkelheit übergeht, machen sie kehrt, weil sie es vorziehen, im Hellen zu bleiben. Aber innerhalb der Helligkeit suchen sie nicht etwa die Richtung, die zur Lichtquelle hinführt. Und nur auf indirekte Weise, dadurch, daß sie immer wieder umkehren, wo es ihnen zu dunkel wird, kommt eine allmähliche Annäherung an die Lichtquelle zustande.

Die Orientierung des Menschen in Hinsicht auf das richtige und das falsche Leben geht nach dem gleichen Gesetz vor sich. Er bewegt sich in einer Richtung, die er selbst für die richtige hält, einerlei, ob sie ihm durch die Zufälle seiner Entwicklung, durch die Tradition seiner Gesellschaftsklasse oder durch irgendein ethisches Studium vermittelt worden ist. Er verfolgt diese Richtung, solange er keinen Grund hat, sie zu ändern. Gegen theoretische Einwände ist er taub. Theorie ist kein Grund zur Richtungsänderung. Und erst wenn sein Weg ihn ins Dunkle führt, erst wenn jeder weitere Schritt vorwärts auch seine Leiden vergrößert, begreift er, daß er seine Richtung ändern muß. Er kehrt um und bewegt sich nunmehr in einer anderen Richtung vorwärts. Nun führt sein Weg wieder durch das Helle, und er glaubt an die Richtigkeit seiner neuen Richtung, bis sie ihn wiederum ins Dunkle geraten läßt. Dann muß er sich wieder umorientieren, um wieder den Weg ins Helle zu finden.

Wer die Richtung eingeschlagen hat, welche zur Lichtquelle hinführt, kann nie in die Dunkelheit geraten. Aber man täusche sich nicht. Die meisten Menschen behaupten von sich selbst, daß sie die richtige Richtung gefunden hätten, und daß sie die Wirkungen der Lichtquelle, die vor ihnen läge, sehr deutlich spürten. Und sie ahnen nicht, daß sie geradewegs in die Dunkelheit hineinfliegen. Es gibt keine Heiligen auf Erden. Es gibt nur Irrende, die im Zickzackfluge vom größeren zum kleineren Irrtum sich dem unerreichbaren Ziele nähern. Keine Wissenschaft ist imstande, als Wegweiser zu dienen, auf dem stünde: „Hier ist der richtige Weg." Die Wissenschaft vermag immer nur die Tafel zu zeigen, auf welcher steht: „Hier ist der Weg nicht." Und das ist etwas sehr Wichtiges.

Die Religion aber, die einzige Möglichkeit des Menschen, sich auf das Licht hin zu orientieren, kann trotz aller Helligkeit, die sie besitzt, niemanden hindern, in die Irre zu gehen und in die Dunkelheit zu geraten.

Wenn Theologie die Lehre vom Lichte ist, ist die psychotherapeutische Charakterkunde die Lehre von der Unzuträglichkeit der Finsternis. Sie zeigt, warum alle die Wege, die in die Dunkelheit führen, notwendigerweise ungangbar sein müssen. Aber sie hat nicht die Macht, die Menschheit zur Umkehr zu bringen. Sie kann ihr nur beweisen, inwiefern die Richtung falsch ist und inwiefern sie darum in immer wachsendes Elend hineinführt. Und sie kann auf diese Weise die Bereitschaft zur Umkehr verstärken. Die Umkehr selber kann weder durch die Selbsterziehung noch durch die Psychotherapie erzwungen werden. – Hier stimmt die praktische Erfahrung der Wissenschaft überein mit der Lehre des Christentums: Die Umkehr ist die Gnade.

Die letzte Regel lautet: *Vergiß niemals, weder in der Selbsterziehung noch in der Betreuung anderer, daß wir den Fortschritt, die seelische Gesundung oder Reifung, nicht durch irgendwelche Mittel erzwingen können. Wir können nur entweder durch falsches Verhalten die Reifung verhindern, oder durch richtiges Verhalten die Hindernisse, die noch im Wege stehen, zu beseitigen suchen. Wenn wir aber meinen, alle Hindernisse beseitigt zu haben, und die Heilung bleibt trotzdem aus, so war unsere Meinung falsch. Es stehen doch noch Hindernisse im Wege, und wir befinden uns noch immer in der Zange des Schicksals: Entweder wir arbeiten weiter an der Beseitigung jener Hindernisse, oder wir haben noch nicht genug gelitten.*

R E G I S T E R

Die Zahlen bezeichnen die Paragraphen, in denen die genannten Begriffe erörtert sind.

M.

N.

O.

P.

R.

S.

T.

U.

V.

W.

Z.

DIE ARBEIT AM CHARAKTER